新書

山口謠司
YAMAGUCHI Yoji

ん

日本語最後の謎に挑む

349

新潮社

はじめに

東京メトロ東西線で日本橋に行くと、空色のラインが一本引かれた駅名「日本橋」の看板に、ローマ字で「Nihombashi」とあるのが目に入った。なにかの間違いではないかと思ってホームを歩くと、どの看板にもローマ字で同じく「Nihombashi」と記されている。「日本」はローマ字で「Nihon」（傍点筆者、以下同）と書かれるはずである。それが「Nihom」と記されているのだ。

はて、日本人は、「日本」を「にほむ」と読むようになってしまったのだろうか。筆者が知らないうちに、「日本」のローマ字表記は、「Nihom」と書くようにと、文化審議会の国語分科会かなにかで決定されたのか。

しかし、この発見の数日前、パスポートの更新に行った時には、ローマ字で自分の名前を記載する場合の注意書きに、「日本　太郎」という例を挙げて、「NIHON TARO」と書いてあったことを思い出す。

日本橋駅の窓口に行って「にほん」がなぜ「Nihom」と書かれるのかと質問すると、東京メトロの広報部の方が、欧米の方から、「Nihonbashi」と書くのは表記の慣例として間違っていると指摘されたからだと仰《おつしや》った。

「日本」を「Nihon」と書くのが、欧米の慣例的表記では誤りだなんて、いったいこれはどうしたことなのだろう。

ローマ字の書き方にはヘボン式、オランダ式、ポルトガル式など、いろいろな書き方がある。東西線の「日本橋」という駅名が「Nihombashi」と書かれるのは、こうしたローマ字表記のひとつなのだろうか？

筆者は、拙著『日本語の奇跡〈アイウエオ〉と〈いろは〉の発明』（新潮新書）で、日本語における発音と表記の関係などについて記したことがある。

その際、奈良時代の日本語には、「上代特殊仮名遣い」と呼ばれる「エ・キ・ケ・コ・ソ・ト・ノ・ヒ・ヘ・ミ・メ・モ・ヨ・ロ」などの音に二種類の発音があったこと、また、五十音図が日本語のシステムとして、外来語を受け入れるために果たした役割などについて記した。

昨今、日本語の乱れということが、しきりに取り沙汰《ざた》される。「日本橋」を「Nihombashi」とするローマ字での表記も、発音と表記との違いによって引き起こされた、乱れのひとつなのであろうか。それとも、あるいは「m」や「n」で書き表される「ん」という日本語の発音や文字には、日本の文化にも関わるもっと大きな問題があるのだろうか。

江戸時代の国学者、本居宣長（一七三〇〜一八〇一）は、「上古の日本語には〈ん〉が存在しなかった」と言い切っている。してみれば「日本」は「にほむ」と書くのが正しい表記だったのか。

もし宣長の言うことが正しいとすれば、「ん」が日本語のなかに現れてきたのはいつのことなのだろうか。

また、「ん」が五十音図の枠外に置かれているのは、なぜなのか。そのことはまた、「ん」の誕生となにか関係があるのだろうか。そして「ん」とは、いったい、日本語のなかでどのような役割を果たしているのだろうか。

こうした「ん」の謎を解き明かすことは、日本語の歴史や日本の文化を知る鍵《かぎ》にもなりそうである。本書では、様々な角度からこの大きな謎に挑んでみたい。

ん——日本語最後の謎に挑む＊目次

第一章　「ん」の不思議

「ん」は五十音の外

日本語には「ん」ではじまる言葉がない。

辞書を開いても悉皆草木《しっかいそうもく》、「ん」ではじまる言葉は載《の》っておらず、電話帳を開いても「ん」ではじまる人名を見つけることはできない。「しりとり」では、「ん」で終わる言葉を言ったら負けになるのは、言うまでもない。次につながる言葉がないからである。

ところで、我々は小学校へ上がる前後に、「五十音図」を習う。縦列に「あ（A）」から「お（O）」の母音が並べられ、横列に「か行（K）」から「わ行（W）」にいたる子音が配置された音図で、縦横を結べば子音と母音の組み合わせによって、日本語の基本的発音と文字が理解できる。

これは日本語の発音を文字で表すことを可能にする魔方陣のようなものである。そもそも平安時代に原型が創られてから、明治まで約千年の歳月をかけて、この魔方陣を我々の先祖は整えながら利用してきた。

さて、明治二十二(一八八九)年から明治二十四(一八九一)年にかけて、大槻《おおつき》文彦が出版した『言海』という国語辞典は、それまで伝統的に行われてきた〈いろは〉引きの配列を〈アイウエオ〉順にするという画期的な配列方法を採ったものとして知られているが、はたして『言海』には「ん」という見出しがない。

辞書で「ん」が「あいうえお」に並んで項目として挙げられるのは、大正八(一九一九)年、上田萬年《かずとし》・松井簡治《かんじ》によって編纂された『大日本国語辞典』が初めてである。

「ん」のつく言葉

ところで、『言海』は、昭和七(一九三二)年、改訂編纂され『大言海』として出版され、さらに昭和三十一(一九五六)年には『新訂大言海』、昭和五十七(一九八二)

年には『新編大言海』と改名改編されて出版された。

この『新編大言海』には、「ん」の説明として「五十音ノ外ノ一種ノ仮名」と記されている。

なるほど、「ん」は五十音図の左端に一文字だけポツンと置かれていて、はたして母音なのか、子音なのかという区別もされない。しかも、単独で存在する意味や単語さえない。

『新編大言海』には、次のような説明がされている。


「コノ仮名ノ声ハ、他ノ音ノ下ニツキテ、鼻ニ触レテ撥《ハ》ヌルガ如クシテ出ヅ」

こうした例としては「あんどん（行燈）、てんびん（天平〈「天秤」・筆者注〉）」が、また、「他ノ音ノ下ニ加ハリテ出ヅルコトアリ」として、「まな（真字）」が「まんな」、「ゆゑ（故）」が「ゆゑん」となる例が、さらに「他ノ音ヲ変ジテ出ヅルコトアリ」として、「かほばせ（顔）」が「かんばせ」、「いかに（如何）」が「いかん」、「ぬきいづ

（抽）」が「ぬきんづ」となる例が挙げられている。

なるほど、『新編大言海』に言われるような漢語の例であれば「簡単」、「混乱」など、前の音に引き続いて「ん」と書かれるものは例挙に遑《いとま》がない。

また、「田」を「たんぼ」、「鳶《とび》」を「とんび」と言ったりして語調を整えるのは『新編大言海』に出ている二番目の例に当たるだろう。

さらに、現在「群馬（ぐんま）」と呼ばれる地名は、平安時代の文献によれば「くるま」と呼ばれていたことが分かる。これは「る」がいつしか「ん」に変化して「ぐんま」となったものと言われている。これなどは第三番目の例と考えられるものであろう。

ところで、日本語の語彙《ごい》には右に挙げた「行燈」「天秤」「簡単」「混乱」など、「漢語」に「ん」の音が現れる言葉が多いが、ヨーロッパの諸言語から借用されたいわゆる「外来語」にも「ん」は頻出する。「アンチョビ」「コンベンション」「セカンド」「トレイン」「リング」「フランス」と挙げれば切りがない。どうやら漢語を含めた外来語が日本語化する際に、多くの「ん」が使われているようなのである。

フランス人は「んー」が嫌い

ところで、唐突ではあるが、筆者の妻はフランス人である。彼女は日本の伝統文化に対して深い興味があるというタイプのフランス人ではなく、結婚してから日本にやって来て、日々の生活のなかで日本語を習得した。そのため日常生活の会話ができる程度の日本語力しかない。

その妻が、時々、イヤな顔をして筆者に言うことがある。

「そういう音、出さないでくれる」

彼女が「出さないでくれる」という音は、筆者が何かを考えていたり、どう応えていいか分からずに「んー」という返事をする時の声である。

日本人なら誰しもよく発する、喉《のど》の奥の方から鼻に抜けるような「んー」という声が、妻は大嫌いなのである。

いや、妻だけではない。妻の友達のフランス人はほとんど、日本人の「んー」を心地よく聞いてはいないらしい。

それでは、彼女たちフランス人は同じような状況のとき「んー」の代わりにどんな音を出すのだろうか。

フランスも含めて欧米の漫画や小説を見ると、我々日本人が「んー」という音を出すような場合、「mmm」とか「hmmm」と書いてあることがある。日本語に直せば「ムムム」や「フムム」であろう。

試しに妻に向かって「んー」と言わず「ムムム」と答えてみると、嫌な顔をしないのである。

「n」と「m」

さて、妻がローマ字で書いたメモを持って買い物に行くと、筆者は「えっ」と思うことがある。

たとえば「あんぱん」を「Ampan」、「がんもどき」を「Gammodoki」、と書いてあったりするからだ。

ヘボン式ローマ字を学校で習った日本人なら、「あんぱん」は「Anpan」、「がんもど

である。

ところが、妻が書いたものはこの「n」で書くはずのところを「m」で書いているのである。

はて、これは東京メトロ東西線の「日本橋」駅のローマ字表記「Nihombashi」と同じではないか。

東京メトロの広報部の方が「欧米の慣例的表記では誤りと指摘された」と言われるのは、まさに、妻のような表記をする人たちの声を反映した結果にちがいない。

しかし、買い物のたびに彼女のメモをよくよく見ていると、「n」と「m」が混同して書かれているのではないかと思うこともある。

たとえば「にんじん」と書くのに、メモには「Nimjin」ではなく「Ninjin」、「りんご」は「Ringo」ではなく「Ringo」と書かれている。

なぜなのだろうか——。

英語やフランス語、ドイツ語など、ヨーロッパ諸言語の辞書をひもといてみると、この「n」と「m」の表記には厳然とした書き分けがあることが判明する。

それは、次に子音の「m」「b」「p」が書かれる場合は、ふつう「n」がその直前に現れることはなく、「m」で書かれるという原則である。

例えば英語の場合――。

m　Communication、Command、Commemoration、Commence……

b　Combat、Comb、Combination、Combo、Combustive……

p　Competition、Companion、Company、Compartment……

別の言い方をすれば、次に「m」「b」「p」が来ない場合は「n」で書かれる。つまり、「Ringo」は「Rimgo」とは書かれない。

Concentrate、Condense、Contact、Convention……

つまり、「あんぱん」を「Ampan」、「がんもどき」を「Gammodoki」と書く妻は、子供の頃に習ったこのアルファベットの表記の原則に従ってメモを書いているのである。そして「日本橋」の表記もまた然《しか》り。ローマ字の場合は「Nihombashi」と書かれるのが原則で、「Nihonbashi」と書いたとしたら、ヨーロッパ諸言語の表記の慣例から外れてしまうことになるのである。

ニホンゴはムズカシイ！

外国語は、現地にいて生活をしながら、同じことを何度も聞き、慣れるうちにある程度はしゃべれるようになる。また読むのも、辞書を引く習慣をつけて根気よくやっていればいつか読めるようになる。しかし、書くというのは非常に難しい。日本語でも子供のころから「てにをは」の使い方をしっかり教え込まれ、漢字を毎日練習させられていなければ、きちんとした文章が書けるようにはならない。

それと同じで、外国語を完璧に書けるようになるためには、相当の努力と、しっかりと文法や正書法を身につけた人による添削を受けなければならないだろう。

これは外国人にとっての日本語とて同じである。〈漢字〉〈ひらがな〉〈カタカナ〉と三種類の書き文字を覚えなければならないなど考えられないことだと、日本語を学びはじめた外国人は口を揃えて言う。しかし、それにもまして、彼等にとっての日本語習得の第一の難関は、日本人が話している音が非常に聞き分けにくいということである。

聞き分けができなければ、当然書き分けをすることはできない。そして書き分けは仮名遣いの問題となって現れる。

たとえば、子供が「こんにちは」を「こんにちわ」と間違って書くようなものである。また、我々は「こんにちわ」と発音しているように思っているが、じつはそんなことはない。実生活では「んちわー」とか「こんちわ」のようにしか発音していないのである。

しかし、「んちわ」と聞こえる音を〈ひらがな〉でそのまま書いても、外国人はだれもこれが「こんにちは」という言葉だとは理解しないだろう。

日本語のルール

話されるべき言葉を示す理想の音の配列が脳裏にあって、我々はそれを口に出す。五十音図は、その理想的なそれぞれの音の許容範囲を知り、話し言葉と書き言葉のギャップを埋めるシステムとして、必ず頭に叩《たた》き込んでおかなければならない日本語のマップなのである。

そして、このマップをもとに、我々はなぜ「こんちわ」と聞こえても「こんにちは」と書かなければならないのか、またなぜ「こんにちは」の「は」は「わ」、「わたしを」

の「を」は「お」と書いてはいけないのか、文法や正書法に基づいた書き分けを習得する。小学校で行われる「書き取り」や「作文」は、話し言葉と書き言葉の違いを知りながら、日本語のルールをしっかりと身につける体感とその反応の習熟にほかならない。

だが、日本語が身体のなかに染み込んでいない外国人が書き取りを行うと、とんでもない平仮名が並んでしまうことになる。

たとえば「歯（は）」という音にしても、我々は五十音図をもとにローマ字で「ｈａ」と発音しているように考えているが、「はひふへほ」の「ｈ」の音を発音することができないフランス人には「ｇａ」と「ｋａ」と「ａ」の中間のような音に聞こえるらしく、これをどう表記していいのか分からないと言う。

そして「ん」もまた同じように、彼等はどのように書けばいいかが分からない。「ｍ」「ｂ」「ｐ」の発音が来る前の「ん」を、彼らは慣習に従って「ｍ」で表記することになってしまうのである。

「ん」と書いてあっても

小さい頃から日本語の環境で育った日本人は、耳から日々大量に入ってくる日本語をどのように文字として書き写すかという処理能力を、五十音図をもとに学習する。言い換えれば、耳から入ってくる音を、我々は五十音図に書かれた文字のなかに統合する形で書き表すという方法を学校で習うわけである。だから非常に曖昧な音で発音される方言であっても、すべての音を平仮名や片仮名に置き換えることができる。

よく言われることであるが、たとえば、きちんと訓練を受けたアナウンサーが発音する「わたしが」という時の「が」の音は、じつは「が」とは書いてあっても、ふつう「ｇａ」とは発音していない。極端に言えば「んが」とでも書けるような、鼻に抜けていく音で発音されているのである。

これに対して「蛾《が》」を発音する場合は、喉音《こうおん》といって喉の奥をきっちりと締め、そこから息を吹き出すようにして固く発音する。

仮名では同じく「が」と書かれても、これらは、全く異なった音を発している。つまり、このふたつの音は音としては異なっているにもかかわらず、同じ表記の上にある許容範囲内のものとして統合されているのである。

それは「ん」でも同じである。

たとえば、人が眉間《みけん》に皺《しわ》を寄せながらものを考える時に出す「んー」という音は、喉のやや奥の下方に力を入れて、息がそのまま鼻に抜けるようにして出されるだろう。

また「乾杯（かんぱい）」と言う時、ふつうなら「か」と発音した母音の「あ」から息をちょっと鼻に抜くだけで済ませてしまうだろうし、ある人は鼻に息を抜く代わりにわずかに唇《くちびる》を閉じて「む」の発音にそっくりの音を出す。しかし、これが陣頭指揮の場合の「乾杯」であれば、「か」より「ん」に力を籠《こ》めて固い「ん」の音を出すことになるだろう。

表記する場合には同じく「ん」と書かれるものも、じつは多種多様の音が統合されたものなのである。

上代の書き分け

ところで、筆者は『日本語の奇跡〈アイウエオ〉と〈いろは〉の発明』（新潮新書）で、奈良時代以前の日本語だけに見られる、「上代特殊仮名遣い」と呼ばれる日本語の書き分けは、じつは帰化人が日本語を書き写そうとした結果現れた幻のような現象ではないかと記した。

「上代特殊仮名遣い」というのは、具体的に言えば「キ・ケ・コ・ソ・ト・ノ・ヒ・ヘ・ミ・メ・モ・ヨ・ロ」、また「ア行のエ」と「ヤ行のエ」、「ギ・ビ・ゲ・ベ・ゴ・ゾ・ド」の濁音の合計二十二の万葉仮名に、甲類・乙類と分類される二種類の書き分けがなされていたという上代日本語の表記方法をいう。

たとえば、平安時代以降「き」と書かれるものが、万葉仮名では「支、岐、吉、棄、企、寸、来、杵、伎」などの甲類と呼ばれる漢字群と、「帰、奇、寄、忌、紀、貴、幾、木、基、既、城」の乙類と呼ばれる漢字群とで、完全に書き分けがなされている。

甲類の「き」は「時（とき）」「秋（あき）」「君（きみ）」などを書く場合に使われ、この時は決して乙類の万葉仮名は使われない。「等伎《とき》（万葉集四三二三）」「安吉《あき》（万葉集三九四五）」「支美《きみ》（万葉集四〇七四）」などである。同様に「霧（きり）」「岸（きし）」「月（つき）」などを書くには乙類の万葉仮名だけが使われ、甲類の万葉仮名が使われることはない。「紀理《きり》（万葉集八三九）」「城師《きし》（万葉集二七三五）」「都奇《つき》（万葉集四〇七三）」などである。

推定される音としては、甲類は我々が日常使っている「き」とほぼ変わらない発音で、乙類の「き」は、現在「き」と言っているのより口の内側で発音された、ややくぐもった音ではなかったかとされている。

奈良時代、我が国ではまだ平仮名も片仮名も「発明」されていなかった。当時の日本人は中国や朝鮮半島から海を渡って来た帰化人たちに漢字の発音や文字を教えられ、すべてを漢字で書くしか方法がなかった。東アジアにあっては漢文が国際共通語の時代である。政治や学問に携《たずさ》わる人たちは帰化人に漢語や漢文を習い、そして中国語をできるだけ上手に話さなければならなかった。

そうした状況で、日本人が話す日本語を漢語に翻訳するのではなく、できるだけ忠実に音を再現する方法で書き写そうとした時、帰化人たちは自らの耳で聞き分けられる音に従ったに違いない。

上代特殊仮名遣いに仮名の書き分けがあるのは、まさに帰化人たちの耳底にある中国語の音の差異が色濃く反映したものではなかったかと、筆者は考えるのである。

その証拠に、帰化人の影響が少なくなって、次第に自国の文化を自らの手で作り出してくる平安時代に入ると、突如として上代特殊仮名遣いは、使われなくなってしまうのである。

「ん」はなかった

さて、奈良時代の文献、たとえば『古事記』や『日本書紀』『万葉集』などの文献には、右に述べたように上代特殊仮名遣いによる音の書き分けがあった。

してみれば、当時の日本語表記は、後世の日本語とは比べものにならないくらい音の差異が意識されていたと言えよう。

当時の書き方では、濁音《だくおん》でさえ、現代のような清音に濁点をつけるという方法ではなく、万葉仮名で書き分けられていたのである。

それでは、当時の万葉仮名の表記では「ん」はどのように書かれているのだろうか。

驚くなかれ、何度読み返しても、これら上代の書物には、「ん」を書き表す文字がひとつも使われていないのである。

上代の日本語には「ん」がなかったのか?

漢文がかつて東アジアの国際共通言語であったというなら、漢語の「簡単」「天秤」「混乱」「安定」など、「ん」が使われる言葉は、当時日本語ではどのように読まれていたのだろうか。

次の章では、「ん」という表記がいつ頃はじまったか、そして「ん」が書けなかった上古の人が、どのように苦労して「ん」を生み出したのかについて記してみたい。

第二章　「ん」の起源

『古事記』に「ん」はない

『古事記』は、和銅五（七一二）年に、太安万侶《おおのやすまろ》が献上した、我が国最古の歴史書であるとされる。しかし、この書物が後代に作られた偽書であるという説も昔からなかったわけではない。

だが、その偽書説を証明できない、ある事実がこの書物には存在する。

それは、古代日本語の表記のなかでも非常に古い上代特殊仮名遣いという特徴が残っているからである。前章で触れたように、『古事記』『万葉集』『日本書紀』など奈良時代に書かれた書物には、後代の書物には使われなくなってしまう上代特殊仮名遣いと呼ばれる文字の書き分けがあった。

そして、このなかでも「モ」の音の二種類の書き分けは、非常に古い時代になされたもので、『日本書紀』では行われていない。またこうした書き分けは『万葉集』でも大伴家持や山上憶良など特殊な人の歌にしかあらわれていない。にもかかわらず、『古事記』ではこれが明確に区別されているのである。

『古事記』は偽書ではない。もし後世の人が作った偽書であったとしたら、「モ」の表記を間違わずに書き表すことなど、決してできなかったはずである。

さて、こうした「上代特殊仮名遣い」で書かれた『古事記』を読んでいると、驚くべきことに気がつく。

なんと、「ん」と読む仮名が一度も出てこないのである。

例えば「陰陽」という言葉が使われる。これは漢語で読めば「インヨウ」であるが、『古事記』ではこれを「メヲ」と読む。「必不善心」は「必ずや不善の心ならん」と漢文で読むが、和語では「かならず、うるわしきこころならじ」と読むのである。

漢語や漢文を和語で読む読み方は『日本書紀』にしても同じである。「神皇産霊尊」

も漢語でなら「ジンコウサンレイソン」とでも読まれるところが、「カミムスビノミコト」、「天地」も「テンチ」ではなく「アメツチ」である。

また『万葉集』はどうかと思って探してみると、これにも「ん」がないではないか。

はたして、日本語にはもともと「ん」はなかったのだろうか？

もし、「ん」が上古の時代になかったとしたら、いつから現れるようになったのか？

そして現れた原因はなんだったのだろうか。

こうしたことを解き明かすために、もう少し上代の日本語の表記方法について説明をしておこう。

日本語を漢字で書く方法

『日本書紀』に書かれるところによれば、応神天皇の十六（二八五）年、百済《くだら》の王仁《わに》が我が国に「諸典籍《もろもろのふみ》」を伝えたとされる。これは伝説であったとしても、我が国に初めに入って来た外国語は、基本的には漢語であった。古代の日本人は、漢語を習得することで自分たちが使っている日本語の特徴を知り、日本語を表記する方法を編み出すことに成功した。

平安時代前期になって〈ひらがな〉や〈カタカナ〉という、日本語を書くための書き文字を持つことができたのは、漢字があり、漢文があったからである。

ところで、我々は漢文を読む際、返り点や送り仮名をつけて、日本語に読み下す。しかし、平安時代初期頃までは帰化人から習う漢文を日本式の文章にはせず、そのまま当時の中国語で読んでいた。

それは、「世界」が中国大陸を中心とした東アジアを意味し、公式文書はすべて漢文で書き、外交には当時の中国語が使用されるという事情があったからである。

ただ、『古事記』の時代になると、太安万侶は序文に、「文を敷き句を構ふること、字に於きて即《すなは》ち難《かた》し。已《すで》に訓に因《よ》りて述べたるは、詞《ことば》心に逮《およ》ばず。全《また》く音を以《も》ちて連ねたるは、事の趣《おもむき》更に長し」（文章にして書き表すと、どの漢字を用いればよいか困難なことがある。すべて訓を用いて書くと、字の意味と古語の意味が一致しない。かといって、すべて音を用いて書くと、文章がとても長くなってしまう）と記している。

話している日本語をいかにして日本語として書けるかという問題である。

「万葉仮名」と呼ばれるものは、こうした問題を解決するひとつの糸口であった。漢字を、日本語の音節に当てるために「仮借《かしゃ》」して使用する。「仮借」とは、言ってみれば「当て字」である。

「仮借」は、すでに中国では春秋戦国時代（前七七〇〜前二二一）以前から使われていた漢字の用法のひとつであった。

例えば「我」という漢字を「わたし」という意味で使うというのは、仮借の用法である。「ガ」と発音する「我」は、本来、刃の部分がギザギザになった矛《ほこ》を意味した。ところが「わたし」を指す言葉も「我」と同じく「ガ」と発音する。「わたし」と書く漢字がなかった時代、「我」という漢字を「仮に借りて」、「わたし」を意味する言葉として使用した。やがてそれが定着して「我」は「わたし」を意味するようになった。

上古の我が国でも、日本語を書き表すのに漢字の、「意味」ではなく「音」だけを利用する「仮借」の用法が使われたのである。

万葉仮名の借音と借訓

万葉仮名は漢字の「仮借」という用法を利用したものである。しかし、我が国では、詳しく言えば「借音《しゃくおん》」と「借訓《しゃっくん》」と呼ばれる二種類の「仮借」の方法が使われている。

「借音」とは、「あ」と発音されるものに「安」、「い」に「伊」、「か」に「可」というふうに漢字の発音を借りて当てたものである。つまり「借音」では、「安」の漢字に「やすらか」などの意味があるのをまったく無視して、ただ「安」の「音」の一部だけを借りて日本語で「あ」と発音する音に当てるというものである。

これに対して「借訓」とは、疑問・反語・詠嘆の助詞「〜かも」と書くのに「〜鴨」と書くようなものをいう。

もちろん、「〜かも」と書く場合に、「借音」の方法を利用して「か」に「可」、「も」に「母」というそれぞれ一音の漢字で書くことも可能である。

しかし、「借音」だけでは漢字が二文字、三文字とたくさん並び、かえって意味が分からなくなってしまう恐れがある。そこで利用されたのが「借訓」という方法である。「借音」の方法だけでは冗漫になってしまいがちな文章を、「借訓」を使えば簡潔にすることができる。のみならず、「借訓」は、書き言葉に視覚的な美しさを加味する。『万葉集』の中でも特に「戯訓」と呼ばれる「借訓」の方法はこうしたもののひとつである。たとえば過去の完了を意味する「～てし」というのは、こうした一例である。「てし」という言葉は当時、日本語では同じ音で「書の先生」=「手師」を意味する言葉があった。書の先生として最も手本に多く用いられたのは、「書聖」と呼ばれた王羲之《おうぎし》である。万葉の人々は、「～てし」と書くのに「手師」から「王羲之」を連想し「羲之」と書いたのである。

これが視覚的な美しさなのかと問われる方もあろう。しかし、筆者は現代的な芸術という意味での「美しさ」を言っているのではない。彼らは漢字を使って日本語を書きながら、じつはこれが視覚的には「漢文」のように見えることを「美しい」と感じていたのである。

「印結而我定羲之住吉乃浜乃小松者後毛吾松（万葉集三九四）」（しめゆひて、わが定めてし、すみよしの、はまのこまつはのちもわがまつ）、つまり、「羲之」という文字を使うことで、この文章を一見した場合には、これが正式の漢文で書かれていると見られるような美意識が視覚的な美しさだったのである。

万葉仮名の発音とローマ字表記

万葉仮名は、太安万侶の言葉を使うなら、「詞《ことば》心に逮《およ》ばず」という「書きたいと思う心」を、中国から渡来した漢字を使って書き表すことに成功した、日本語の歴史にとって極めて画期的な表記方法だったと言えよう。

これまでに発見された最も古い万葉仮名は、二〇〇六年に大阪市中央区の難波宮《なにわのみや》跡から出土した、六五二年以前に書かれた木簡とされる。おそらくこの頃から、日本語は、次第に漢字を使って表記するという手段を獲得したに違いない。

ところで、万葉仮名で書かれた上代特殊仮名遣いとは、すでに示したように、例えば「き」と現在では発音される言葉が、上代には甲・乙二種類の発音と書き分けがあって、甲類は現代の「き」とほとんど変わらない発音、乙類は口の内側に寄ったところで調音されるややくぐもった音であったと考えられている。

じつは、こうした当時の万葉仮名の発音は、中国の隋唐の時代に作られた『切韻《せついん》』という字書を使うとはっきり知ることができるのである。だが、現存する『切韻』の写本は部分的であるため、現在中国音韻学では、資料として宋代に『切韻』を増補改訂した『大宋重修広韻《たいそうじゅうしゅうこういん》』（以下、『広韻』と略称）を使用して『切韻』に代用する。

漢音を習え！

『切韻』は、西暦六〇〇年頃、楊堅《ようけん》が中国の北方にいたトルコ系鮮卑《せんぴ》族と、それに押されて南方に下った漢族とを統一して隋王朝を作ろうとする機運が起った際に編纂された字書である。序文によれば、作られたのは隋の文帝仁寿《じんじゅ》元（六〇一）年とされる。編纂の代表は陸法言《りくほうげん》や顔之推《がんしすい》という言語に詳しい八人の人物であった。

中国では、現在でも少なくとも七種の大きな方言の違いがあるが、当時はもっと多くの方言があったと考えられる。とくに南方と北方とは方言の差異が激しく、言語によって双方の意思が通らないとなれば、政治にも支障を来す。

隋は、政治の中心を現在の西安（隋代では大興、唐代では長安と呼ばれた）に置いて、官吏登用試験である「科挙《かきょ》」を行い、南北から優秀な人々を募った。その際に共通語として採用されたのが、西安周辺の方言である「漢音」と呼ばれるものであった。『切韻』はこの漢音に基《もとづ》いて漢字ひとつひとつがどのような発音であるかを記した字書なのである。

後漢の滅亡以来三百年に及んだ中国の分裂を統一した隋は、わずか三十七年間で滅亡する。そして、隋を滅ぼした唐は隋の政策を継承し、およそ三百年にわたって中国を治めた。都の場所も同じで、彼等にとっての標準語は「漢音」である。そして隋が始めた科挙を、唐はもっと大々的に行って全国から秀才を集めた。

さて、唐の都長安は、当時、世界最大の国際都市であった。インド、トルコ、モンゴル、チベット、朝鮮、遠くは東ヨーロッパなどから多くの人々が長安にやってきていた。

諸説あるが、我が国からは、奈良・平安時代におよそ十六回の遣唐使が送られたとされている。彼等は、唐の都から最新の世界事情、最高の学術、宗教などを日本に移植しようと努めたのである。

この遣唐使たちが唐で習得した漢字の発音は、「漢音」であった。

ところで、それまで日本で行われていたのは、この「漢音」ではなく、現在の上海周辺で話される「呉音」と呼ばれるものであった。これは隋による南北統一以前に、現在の上海附近にあった南朝梁《りょう》の文化が日本に多く影響を与えたためである。上海附近は中国では「呉」の地方と呼ばれ、ここで使われていた方言は「呉音」と呼ばれていたのである。

さて、奈良時代末期、延暦十一（七九二）年、桓武天皇は、「明経之徒不習正音、発声誦読既致訛謬。熟習漢音」（明経の徒正音を習はず、発声誦読既に訛謬《かびゅう》を致す。漢音を熟習せよ）という詔勅《しょうちょく》を出す。

すなわち、「儒教の経典を勉強するものは、正しい音を習わないために、発音や読誦にすでに間違いがある。漢音を熟習するように」と言い、さらにこの翌年には、「自今以後、年分度者、非習漢音、勿令得度」（今より以後、年分の度は、漢音を習はずば得《と》度《ど》せしむることなかれ）、つまり「今年から以降、年度分に行う得度は、漢音を学んだものでなければ得度をさせないことにする」という詔勅を出す。

得度とは現在ではお坊さんになることを意味するが、当時は、得度をして仏道に入る人は税金を納める必要がなく、また国家公務員として給料をもらうことができた。

つまり、国家公務員であるお坊さんになるためには漢音こそ習得すべき言葉で、間違っても呉音などでお経を読んではならないという命令があったのである。

彼らは、唐の都、長安の発音である「漢音」を勉強した。その時に発音の教科書として使われたのが『切韻』だったのである。

「反切」で表す音

さて、『切韻』は発音の教科書でもあり、その発音の仕方がきちんと書いてある。とは言え、もちろんその発音は、〈ひらがな〉や〈カタカナ〉、〈ローマ字〉などで書かれているというわけではない。漢字を二つ組み合わせて発音が分かる「反切《はんせつ》」という方法によって示されている。以下、『切韻』を宋代に増補改訂して整理した『広韻』を利用して「反切」と当時の中国語の発音を説明したい。

中国語は、日本語のように動詞や形容詞が活用したりすることがなく、ひとつの漢字が形容詞にもなれば名詞にもなり、動詞にもなるという「孤立語」と呼ばれる特徴を持つ言語である。

音の構造としては単音節で、

頭子音＋介音＋主母音＋韻尾

という構造によって作られている。

たとえば、「江」という音は、現代中国語では「jiang（ジァン）」という発音であるが、この発音はそれぞれ「j」が頭子音、「i」が介音、「a」が主母音、そして「ng」の部分が韻尾に当たる。そして介音、主母音と韻尾を合わせた部分を「韻」という。

こうした中国語の発音構造は古来から変わることはない。

極端なものでは「餓」は「e」と発音されるが、これとて単音節という原則には変わりなく、この場合は、頭子音と介音がなく、主母音と韻尾の二つを兼ねているとされる。

それでは、「酸《さん》」と「俊《しゅん》」という二つの漢字を使って、もう少し詳しく反切の仕組みを説明しよう。

『広韻』によれば、それぞれの発音は、

酸―素官切

俊―子峻切

と記される。

この「素官切」の「素」、または「子峻切」の「子」の字を、「反切上字」と呼び、「官」や「峻」を「反切下字」と呼ぶ。

さて、「素」はローマ字では「so」、「官」は「kuan」（現代では「カン」と読むことになっているが、旧仮名遣いでは「クワン」と書く）である。この「素（so）」の頭子音「s」と「官（kuan）」の韻（音の響き）の部分「uan」を繋げると「酸」の発音「suan（スワン）」という音が導き出される。

同じように「俊―子峻切」の場合は「子」が「tsi（ツィ）」、「峻」が「siuen」で、「子」の頭子音「ts」と「峻」の韻「iuen」を合わせると「tsiuen（ツィウァン）」という「俊」の発音が分かる。つまり、「反切」は、求める漢字の発音の頭子音を反切上字から、韻の部分を反切下字から導き出す方法なのである。

『広韻』は、およそ二万の漢字について、「反切」を用いてそれぞれの漢字の発音が示されている。

細かい音の区別

さて、『広韻』を見れば、漢字がそれぞれどのような発音をすればいいのかということはだいたい分かる。すべての漢字について、右に示したように二つの漢字の組み合わせによってどのように発音するかが示してあるからである。

しかし、この反切による漢字の発音は、あくまで「だいたい」を示すもので、じっさいには同じような発音をするものでも、例えば、大きく口を開いて前の方で発音するものや、あるいはやや音色が暗く口の中や後方で発音するものなど、細かい区別があった。しかしそうした細かい区別は『広韻』では表すことが出来なかった。

『韻鏡《いんぎょう》』は『切韻』をもとに作られたものである。しかし『切韻』同様宋代に改訂増補された。現在『広韻』と対照することによって、細かい音の差異を知ることができる。

『韻鏡』は、分かりやすく言うと『広韻』を縦軸に韻を並べ、横軸に頭子音の調音位置を配置して四十三の図表として表したものである。

『韻鏡』と万葉仮名

先に上代特殊仮名遣いで区別されているとして挙げた、万葉仮名の甲類と乙類の違いは、じつは『広韻』だけではっきりわからないが、『韻鏡』を使えば、口内での漢字音の調音点によって現れる音の響きの明暗の区別がはっきりと認められる。

上古の日本人は、帰化人に直接漢字の発音を習っていた。その際にはこうした響きの違いをも細かく学習させられたに違いない。

たとえば、「支《き》」を発音しているときには［Ki］、「木」の場合には［Kï］。

日本人の耳にこの二つの音を正確に聞き分ける力と、書き分ける必要性があったのかどうかは分からない。しかし、帰化人の耳はそれをイヤでも聞き分けた。発音しているとおりに書こうとすれば当然これは書き分けねばならないと彼らは思ったに違いない。そして中国人の先生がそれを書き分けるとすれば、生徒である日本人は先生から教わるとおりにせざるを得なかっただろう。

日本語の音に当てて、「仮借」する漢字をどのように使うかということを帰化人から習った上古の日本人は、万葉仮名を使うに際しても、こうした書き分けを踏襲《とうしゅう》したのである。

このような細かな音の区別を漢字で行っていたとすれば、当時発音されていた日本語に必要な万葉仮名は、すべて漢字で書き表されていたはずである。「ん」という音も必要であれば当然書かれたであろう。

しかし、万葉仮名には「ん」を書くための文字がない。やはり当時、「ん」は日本語の音として存在していなかったのだろうか。

だが、漢字の発音には、「ン」という音がある。

例えば『古事記』の序文を、太安万侶は「臣安万侶言」と書き始めているが、これは「臣（しん）安万侶（やすまろ）言（まを）す」と読むことになっている。

「臣」を「みやつこ」とでも読んでいれば、「ん」の発音はなかったのかとも思うが、伝統的に「臣」は「しん」と読むことになっている。

また、漢音では「安」は「アン」、「万」は「マン」と読む。万葉仮名では「アン」は「ア」、「マン」は「マ」という読み方で使うということになっているが、これらを漢字音で読む場合にはどのように読んでいたのだろうか。

「ン」の発音はなかった、ということはあるはずもない。

「ン」は発音できませんとでも言えば、中国人の先生に叱られただろう。彼らは、日本人に細かい音色の違いまでキチンと発音を教えていたのである。

三種類の「ン」音

我々は現在、『切韻』（実際には『広韻』）と『韻鏡』を使って、唐の時代に中国人がどのように漢字を発音していたのかを知ることができる。

さて、上古の時代、中国人から直接口頭で中国語の発音を習ったとは言っても、日本人の学生が、それをすべてその場で覚えたということはなかったろう。我々が漢字の横に振り仮名をつけるように、きっと彼らも同じことをしたと考えられる。

上古の日本人がどのように漢字に振り仮名をつけていたかを調べ、それを唐代の漢字音に照らし合わせれば、あるいは「ン」のつく漢字がどのように読まれていたかが分かるのではないだろうか。

中国語には上古から現代にいたるまで「ン」で終わる漢字がたくさんある。先に反切の説明で挙げた「酸」（唐代の発音＝suan（スヮン）や「俊」（唐代の発音＝tsiuen

（ツィヴァン）などもそうである。

この「ン」という発音は、日本語の「飛んだ」「噛んだ」などと言う時にも使われるが、これを言語学の用語では「撥音《はつおん》」という。

そして、この「ン」が使われるもののなかでも、「酸」や「俊」のように漢字の発音の末尾が「n」で終わるものを「舌内《ぜつない》撥音」と呼ぶ。なぜならこの「n」という撥音は、口内から流れ出る音を舌を使って止めるからである。

さて、読者のなかには中国語を習われたことがある方もあると思う。

現代中国語で、例えば「経」という漢字は「jing（ジン）」と発音する。これも韻尾は「ン」と発音している。ただし、これは「国際表音文字記号（IPA）」、いわゆる発音記号では「ŋ」と書かれるもので、英語の発音で言えば「doing［duːiŋ］」などのように、鼻にかけて息を出す音を示す。現代中国語のローマ字表記（ピンイン）で「ing」と表記されるような漢字音は、隋唐の時代でも同じく「ŋ」と発音されるものがほとんどであった。

ところで「経」には現在の我が国の漢字の音として「キョウ」と「ケイ」という二種

類がある。

「キョウ」と読む場合の熟語としては仏教経典を指す場合の「お経」、「ケイ」と読まれるのは「経済」などがある。この二種類の音の違いは、「キョウ」と読む方が「呉音」、「ケイ」と読む方が「漢音」である。

ところで、先に桓武天皇が「これからは漢音を学べ」という詔《みことのり》を出したと述べたが、「経」という漢字は「キョウ」と読んではダメだということだったのである。

それは、呉音というのは、隋が中国を統一する以前、現在の上海周辺の呉の地方から伝わった漢字音で、現在の西安辺りで話される漢音とは発音が異なっていたからである。

呉音が具体的にどのように発音されていたか、『広韻』（『切韻』）のように網羅的に漢字の発音を記した字書がないから分からないのだが、「経」は、漢音では唐代には「keŋ」と発音されていた。あえてカタカナで書けば「ケン（グ）」とでもなろうか。

我々は「経」という漢字を「ケイ」と振り仮名を振って読んでいるが、じつは「ケン（グ）」と仮名をつけるのが正式の漢音の読み方だったのである。これについては後に触れるが、このような「ŋ」が最後についているようなものも撥音の一つの形態として、

「舌内撥音」に対し、これを「喉内撥音《こうない》」と呼ぶ。喉《のど》の奥から鼻にかけて息を抜くように発音されるものである。

さて、「撥音」とされるものには、もう一種類ある。室町時代頃まで、「三」という漢字の振り仮名は「サン」ではなく「サム」と記されていた。同じような「ム」で終わる漢字には、「品——ホム」「染——セム」「堪——カム」「今——キム」などがある。

これらは、隋唐の発音ではすべて「m」で終わる。

「三」は「sam」
「品」は「piam」
「染」は「niem」
などである。

「m」は、上下の唇を閉じて、前の音がこの唇の部分で閉鎖されたものである。だから、これを「唇内《しんない》撥音」と呼ぶ。

「ン」をどう書くか

国語学では、漢文で書かれた書物に日本語で仮名が振ってある資料を「訓点資料」と呼ぶ。なかでも特に、奈良時代、平安時代初期に訓読を行った際の書き入れがあるものを「古訓点資料」という。訓読が始まったのは奈良時代の後半からで、訓点の記入が始まったのはおおよそ西暦八〇〇年くらいであると考えられている。それ以前の漢文は、現在我々が返り点や送り仮名をつけて読むような訓読ではなく、中国人が中国語を読むように上から順に音読されていた。

それでは、後世「ん」と書かれる音を含む漢字は、古訓点資料ではどのように振り仮名がつけられているのだろうか。

まず「n」で終わる舌内撥音はどうだろうか。

春日政治の『西大寺本金光明最勝王経《こんこうみょうさいしょうおうきょう》古点の国語学的研究』によれば、天長七（八三〇）年に奈良の西大寺で書かれた『金光明最勝王経』には、次のように振り仮名が振られている。

損——ソイ
陣——チイ
隠——オイ
煩——ホイ
難——ナイ

この資料が書かれた平安初期は、空海（七七四〜八三五）や最澄（七六七〜八二二）が活躍している時代である。『枕草子』や『源氏物語』が書かれるまでは、まだ百七十年ほど待たなければならない。

「損」に「ソイ」、「陣」に「チイ」、「隠」に「オイ」と振り仮名が振ってあるが、まさかこの仮名の通りに彼らが漢字を読んでいたとは考えられない。『広韻』の反切はこれらすべてが「n」で終わる発音と記されているのである。

損——蘇本切　suən（スゥァン）

陣——直刃切　drĭěn（ディィエン）
隠——於謹切　iən（イァン）
煩——附袁切　bɪuʌn（ビィゥアン）
難——那干切　nan（ナン）

それでは、次に「ŋ」で終わる喉内撥音の漢字の振り仮名を見てみよう。同じく西大寺本『金光明最勝王経』では、

痛——ツイ
冥——メイ

と記され、これらは『広韻』では、

痛——他貢切　t'uŋ（トゥング）

冥――莫経切　meŋ（ムング）

と記されている。

あえて、日本語の〈カタカナ〉で表記すれば、「トング」「モング」と発音されていたはずのものである。

それが「ツイ」「メイ」で書き表される。

「イ」で終わらせているのは、じつは、先の「n」で終わる発音を書き写した方法と同じである。

「ん」という仮名がなかった時代、西大寺の僧は、舌内撥音と喉内撥音の「ン」を「イ」で表していたのである。

これは「経」という漢字が、本来なら「ケング」と読まれるべきところが、「ケイ」と書かれたために、今なお「ケイ」と発音されることの原因になったものである。

それでは、「m」で終わる唇内撥音ではどうか。同じく西大寺本『金光明最勝王経』には、次のように記されている。

厭——エム
感——カム
甘——カム

一方、『広韻』の反切は、

厭——於琰切　iɛm（イェム）
感——古禫切　kam（カム）
甘——古三切　kam（カム）

末尾が「ム」で示されるのは、室町時代頃まで使われた振り仮名と同じである。

ところで、「n」で終わる舌内撥音は、よくよく探してみると、「イ」で振り仮名が振ってあるものばかりではない。

延暦十九（八〇〇）年に書かれた『大乗阿毘達磨雑集論《だいじょうあみだつまざっしゅうろん》』には、

恨――コニ

また、寛平八（八九六）年に写された『蘇悉地羯羅経略疏《そしつじからきょうりゃくしょ》』によれば、

愆――ケニ

と書かれている。これは後世なら「コン」「ケン」と書かれるはずである。

また、天長七（八三〇）年の『東大寺諷誦文稿《とうだいじふうしょうぶんこう》』では、「団」という漢字に「陀尓（ダニ）」と仮名が振ってある。

「ニ」は、「イ」で表されるよりもまだ「ン」という音に近いかもしれない。

やはり、これとて、「ン」という仮名がなかったためにこのような書き方をしなければならなかったという点においては、西大寺の僧が「イ」と書いたのと変わりはないだろう。

さて、八〇〇年代前半には「イ」や「ニ」で書かれたものが、元慶七（八八三）年の『地蔵十輪経《じぞうじゅうりんきょう》』では、

鮮――セレ
焰――衣《エ》レ

と、書かれて取れる。

もちろん、それぞれの漢字が「セレ」「エレ」と読まれたわけではなく、「セン」「エン」の振り仮名の「ン」が「レ」と書かれたのである。

ところで、この写本が書かれてから約二百年後の承暦三（一〇七九）年に書かれた『金光明最勝王経音義』の巻頭には、そのことを示す注意書きが記されている。

可知レ丶二種借字（知るべし、レ丶二種の借字）
方ハレ　房婆レ　経キヤレ
件《くだん》ノ「レ」ノ音ハ「宇」ニハ異也可知之（くだんの「レ」の音は、「ウ」には異なるなり。知るべし）
仙セ丶　善是丶　見介丶

件ノ「〻」ノ音「ム」ニハ異也可知之（くだんの「〻」の音、「ム」には異なるなり。知るべし）

これは、「方」は「ハレ」、「房」は「バレ」、「経」は「キヤレ」等、喉内撥音の漢字の読みは「レ」という記号を使って書く、つまり、「ハン」「バン」「キャン」と読むようにという指示で、「ホウ」「ボウ」「キョウ」という発音とは違うということを知っておかなければならない。

また「仙」は「セ〻」、「善」は「ゼ〻」、「見」は「ケ〻」等の舌内撥音は、「〻」という記号を使用する。「〻」の記号は、「ム」という唇内撥音ではないことを知っておかなければならない。

という意味である。

つまり、IPAのような発音記号もなく、細かな音の違いを〈カタカナ〉で示すこともできなかった時代、様々な記号を使って、彼らはこれらの音を書き写そうとしたのである。

『金光明最勝王経音義』に見える「レ」は〈カタカナ〉の「レ」を示すものではない。「レ」は「―ŋ」、〈カタカナ〉で表せば「ング」で「喉内撥音」を示す。つまり「撥ねる音」を表す記号で、これが現在の〈カタカナ〉の「ン」の形のもとになるものなのである。

同じように、「ヽ」は「―n」で「舌内撥音」を示す。

「ン」という仮名がなかった時代、こうした記号を使って音の区別をしようと試みた。長保四（一〇〇二）年の『法華義疏《ぎしょ》』（石山寺所蔵）では、「く」「ㄑ」「レ」「ㄋ」のような記号も使われている。

また、現代の語用につながる「ン」が使用された最古の資料は、康平元（一〇五八）年に編まれた『法華経』（大阪府高槻市・龍光院所蔵）だとされている。

しかし、他にも様々な形で「ン」を表そうとする記号が使われては、定着することなく消えてしまっている。

ところで、『金光明最勝王経音義』が書かれた一〇七九年頃には、『更級日記《さらしな》』や『狭《さ》衣《ごろも》物語』などさまざまな女流文学が書かれている。またこの『金光明最勝王経音義』

は、「いろは歌」を書き写した最古の文献として知られている。

じつは、この書物は、日本語の音と文字の関係を直接結びつけるという意識が起こって来たことを示す重要な資料なのである。

そして『金光明最勝王経音義』が書かれて十四年後の寛治七年（一〇九三）年には、最古の五十音図を記した、明覚《みょうがく》という天台宗の僧侶による『反音作法』という国語学史上特筆すべき研究書が著される。

『反音作法』は、『切韻』など中国の韻書を利用して、日本語の発音が具体的にどのようなものであるかを検証し、現在我々が使っているアイウエオで始まる五十音図を創り上げたものであった。『反音作法』を書き上げた明覚は、次に『悉曇要訣《しったんようけつ》』という書物のなかで、「ニ・リ」の音が「ン」に変化することを発見する。

例えば——、

馬《ま》に乗《の》りて→馬ん乗りて
蟹谷《かにたに》→かんたに

ありなむ→あんなむ
知りなむ→知んなむ

などである。

このように、「ん（ン）」は平安時代が始まる八〇〇年頃から次第に表記の必要性が感じられるようになり、民衆の文化が言語として写されるようになる平安時代末期、音を表すための文字として姿を現したのである。

第三章　「ん」と空海

中国にも「ン」はなかった

日本語には上代、「ん（ン）」という文字はなかった。

上代の日本人も、現代の日本人と同じように考え事をしながら「んー」と唸っていたのかもしれないが、それを書くことはできなかった。書けないから、無理をしてでも書かなければならないときには「イ」とか「ニ」という現代のカタカナを記号として使った。でも、「イ」を使うと「i」、「ニ」と書けば「ni」と発音することになってしまう。「i」や「ni」と間違って読まれないための記号は何かないか……という試行錯誤の結果、「ん（ン）」という文字が生まれてきた。

だが、もし、中国に「ン」を表す漢字があったとしたら、こんな記号を使わずとも、万葉仮名を漢字の仮借で使ったのと同じように、「ン」の音を表すものとして流用したに違いない。しかし、残念ながら漢字にも「ン」だけを表すものはなかった。これでは借りてこようにもどうしようもなかったのである。

ところが、延暦二十三（八〇四）年、遣唐使で中国へ渡った空海は、サンスクリット語を研究して、インドのサンスクリット語で書かれたオリジナルの仏典を学び、「ン」を書き表すことができる文字を持ち帰って来たのである。

真言宗という仏教を打ち立てた空海、弘法大師の偉業は、現代でも多く語られる。四国の灌漑《かんがい》用溜め池はもちろん、私立の学校として初めて作られた「綜芸種智院《しゅげいしゅちいん》」の開設、また能書家として嵯峨《さが》天皇、橘　逸勢《たちばなのはやなり》と並ぶ平安の三筆《さんぴつ》のひとりに数えられる。もちろん、宗教という点においては、最澄と並んで、旧《ふる》い奈良仏教から脱却した平安時代以降発展する新しい仏教を切り拓いた偉人である。

「天才」と呼ばれる空海。空海は、日本語の歴史のなかにも燦然《さんぜん》と光を残すべく、それまで日本語にはなかった「ン」という文字を、より深い思想として築いたのである。

空海が持ち帰った真言

空海は幼名を佐伯真魚《まお》といい、奈良時代末期、宝亀五（七七四）年、現在の香川県善通寺市に生まれた。

平安京遷都の前年、延暦十二（七九三）年頃、奈良の大学寮明経科での勉学に満足できず、山に分け入る修行僧となって、ある日ある沙門《しゃもん》に出会って「虚空蔵求聞持法《こくうぞうぐもんじほう》」を授かり、現在の高知県室戸市に残るいわゆる「御蔵洞《みくろど》」で、明けの明星が口に飛び込むという奇跡によって悟りを開いたという。

延暦二十三（八〇四）年、東大寺戒壇院で具足戒を受け、遣唐使に加えられ、七月、二十年滞在の予定で渡唐した。

しかし、空海が乗った船は途中で嵐に遭って大きく航路を離れ、現在の上海からさほど遠くない福州長渓県赤岸鎮に漂着する。

この時、空海は、自分たち一行が決して海賊などではないこと、また正式な遣唐使として日本を離れたにもかかわらず嵐によってここへたどり着いたこと、よってここから長安まで無事に我々を送ってくれる手配をして欲しいことなどを記した嘆願書を、福州の長官に対して認《したた》めたという。空海の堪能《たんのう》な中国語、そして文章の見事さ、達筆な書に、現地の役人たちは驚嘆の声を漏らしたとされる。

日本を発って約五ヶ月後、十二月二十三日に長安に入り、翌、唐の永貞元（八〇五）年二月、西明寺に滞在を許され、北印度出身の僧、般若三蔵や牟尼室利《むにしつり》三蔵らからサンスクリット語を習いながら、新しく訳出された仏典の読み方を授かったとされる。般若三蔵は、当時中国で罽賓《けいひん》国と呼ばれた西北インドのカシュミール出身の僧侶であった。

五月、青龍寺にいた密教法伝第七祖の恵果《えか》（「けいか」とも）を訪ねて師事し、六月には胎蔵界の灌頂《かんじょう》、七月には金剛界の灌頂、また八月には伝法阿闍梨《でんぼうあじゃり》の灌頂を受け、「この世の一切を遍《あまね》く照らす最上の者」という意味の「遍照金剛」の灌頂名を授かる。

唐の元和元（八〇六）年一月に師の恵果が入定《にゅうじょう》、三月には空海は長安を去り、八月に中国南方の明州から帰国の途についた。

二十年の予定を二年に縮めて帰国した三十三歳の空海の手には、それまでの奈良仏教とはまったく異なった、新しい「真言密教」という哲学大系が収められていた。

空海と言葉

空海は、仏教教典の原語であるサンスクリット語の学問を指す悉曇《しったん》学や中国語に精通していた。こうした語学的能力なしには、空海の思想は発展することはなかったのではないだろうか。

長安で、師の恵果から授かり、空海が伝えた仏法は、我が国では「真言宗」と呼ばれる。「真言」は、サンスクリット語で「マントラ」といい、漢語では「呪」「神呪」「密言」と訳される。

これは、もともと、人が思索する際に不可欠の言語を意味するが、その言語によって仏の意思を知り、それに働きかけることで悟りを開くことを目的とする。

具体的には陀羅尼《だらに》という呪文などを唱えたり、「種子字」と呼ばれる悉曇文字を瞑想することによって仏を象徴的に表現したりする修行を行うのである。

空海にはたくさんの著作があるが、なかでも真言宗の教義の中核は『即身成仏義《そくしんじょうぶつぎ》』、『声字実相義《しょうじじっそうぎ》』、『吽字義《うんじぎ》』に記されているといわれる。

「ん」という文字を表記のみならず思想的にも発展させることになった『吽字義』については後に精《くわ》しく触れたいが、『声字実相義』には次のように説かれている。

それ如来の説法は、必ず文字《もんじ》に藉《よ》る。文字の所在は、六塵《ろくぢん》その体なり。六塵の本は、法仏《ほふぶつ》の三密《さんみつ》すなはちこれなり。平等の三密は、法界に遍じて常恒《じやうごう》なり。

そもそも如来が真理を説くのは、必ず文字によっている。文字のあるところにおいては、見えるもの・聞こえるもの・嗅《か》げるもの・味わえるもの・触れられるもの・考えられるものという六種の対象がその主体である。六種の対象の本質は、宇宙の真理たる仏の、身体・言語・意《こころ》の三種の神秘的なはたらきにほかならない。如来の差別のない三活動は、全世界にみちみちており永遠である。（『弘法大師空海全集』筑摩書房）

空海がいう「真言」は、大日如来《だいにちにょらい》という仏を象徴とした宇宙の根源から発せられる人間の声をも含めたすべてのこの世界の音を理解し、体得し、そしてそれと同一になることによって我が身のみならず、すべての衆生《しゅじょう》を救うことを目的としたものである。

言い換えれば、彼は「情報としての言葉」ではなく「叡智《えいち》としての言葉」を、「真言」という言葉の中に埋め込もうとしたのである。

とするならば、「言語」を正確に発音し、正確に理解することがどうしても必要になる。

言語は「実」である

ところで、空海が活躍している時代、日本語にはまだ〈カタカナ〉も〈ひらがな〉もなかった。当時の人々は日本語を書くのに万葉仮名を使うしかなかった。現代なら、読めない漢字に〈カタカナ〉や〈ひらがな〉で仮名を振るところ、彼らは万葉仮名によって仮名を振らなければならなかった。

万葉仮名が次第に使われなくなり、〈カタカナ〉や〈ひらがな〉が現れるのは平安前期、『古今和歌集』が成立する延喜五（九〇五）年頃のことである。

空海の「真言」は、前章に述べた『広韻』に合致する漢音の体系に則《のっと》ったものであった。

　さて、空海には中国の音韻学書を縦横に使いながら書いた『文鏡秘府論《ぶんきょうひふろん》』という彼独自の文学理論を披瀝《ひれき》した書物がある。この中で空海は、言語についての考えを述べている。

　この序文に言う。

　　文は五音奪はず、五彩所を得《う》るを以て名を立て、章は事理倶《とも》に明らかにして、文義昧《くら》からざるに因《よ》りて号を樹《た》つ。文に因りて名を詮《せん》し、名を唱《とな》へて義を得《う》。名義已《すで》に顕《あき》らかにして、以て未だ悟らざるものを覚《さと》す。

「文」とは五種の音階が調和し、五種の色彩が所を得ているという意味であり、「章」とはことがらと論理がともに明らかで、表現内容にあいまいさがないという意味である。文字によってことばを明らかにし、ことばを口にすることを通じて意味を把握する。ことばと意味が鮮明になったところで、理解できなかった人々も覚りを得てゆくのである。

（『弘法大師空海全集』筑摩書房）

当時の奈良仏教では「三劫成仏説《さんごうじょうぶつせつ》」といって無限に長い時間をかけた修行の果てにはじめて成仏できると信じられていた。

空海は、「真言密教」という思想によって、宇宙の森羅万象《しんらばんしょう》を大日如来の顕現と見ることで、宇宙の真実相を理解し実践すれば「即身成仏」、つまり現世での修行だけによって成仏ができるということを主張する。

空海にとって「真言」とは、単なる呪文としての言葉ではなく、大日如来と一体化するための大きな命をもった「実」ある「存在」だったのである。それを体得し、「即身成仏」するためにはどうしても、サンスクリット語や中国語に通じ「真言」によって真理を追求しなければならなかった。

空海とサンスクリット語

空海は長安滞在中に、醴泉寺《れいせんじ》の般若三蔵から本格的にサンスクリット語を習ったという。サンスクリット語は、インド・ヨーロッパ語族と呼ばれる言語の種類に属し、ギリシャ語やラテン語と同じく表音文字（インド特有のデーバナガーリ）で書き表されるものである。

空海の長安滞在は、わずか二年にも満たなかったが、仏法の伝授やサンスクリット語の習得という点において、彼らの師弟関係は非常に緊密なものであったと思われる。帰国に際して、般若三蔵は自らが訳出した経典等四部六十一巻とともに、サンスクリット語で書かれた「梵篋《ぼんきょう》」を三口贈っている。

「梵篋」とは、多羅《たら》とよばれる葉にサンスクリット語で記されたオリジナルの仏教経典を指す。

『西遊記』で知られる三蔵法師が命をかけてシルクロードを往復して持ち来たった経典もこうしたもので、これらは非常に貴重な資料であったに違いない。

空海は、また北インド出身の牟尼室利三蔵や師の恵果からもサンスクリット語を学び、サンスクリット語の仏典、四十二部四十四巻という膨大なものを我が国に持ち帰った。

彼はサンスクリット語で仏典を読まなければならない重要性について『請来目録《しょうらいもくろく》』に、

次のように言う。

釈教は印度を本《もと》とせり。西域東垂、風範天に隔《はるか》てたり。言語、楚夏の韻に異《こと》んじ、文字、篆隷《てんれい》の体にあらず。この故にかの翻訳を待つて、すなはち清風を酌《く》む。然《しか》れども猶《なほ》真言幽邃《いうすい》にして字字の義深し。音に随《したが》つて義を改むれば、賒切《しやせつ》謬《あやま》り易《やす》し。粗髣髴《ほぼはうふつ》を得て、清切なることを得ず。この梵字にあらずんば、長短別《わきま》へ難し。源を存するの意、それここに在り。

仏教はインドを本《もと》としています。西域、中国へと教風の軌範をたれていますが、はるかに隔たりがあります。それは、言語が中国の音韻と異なり、文字も篆隷《てんれい》の書体ではありません。ですから、かの翻訳によってはじめて、その教えをくみとるほかありません。それにもましてさらに、真言は幽邃《ゆうすい》なもので、一字一字の意味が深いので、音に随《したが》って意味を変えてしまうと、音の緩急長短を誤りやすいのです。せいぜい原意を髣髴《ほうふつ》とさせうるだけで、原意を完璧《かんぺき》につかむことはできません。この梵字によらなくては、音の長短の違いがわからないのです。原語を尊重する意味は、まさにここにあります。

（『弘法大師空海全集』筑摩書房）

「ン」と「吽」の謎に迫る

はたして空海は、どれほど正確にサンスクリット語や中国語を発音することができたのだろうか。録音テープもない時代のこと、空海の肉声を聞くことはできないが「真言」を説くために、文字を正しく使い、正しく発音する完璧さを、自らに要求したとするならば、空海が記した振り仮名や音に対する注を調べることによって少くとも彼が理想とした発音を知ることができるのではないか。そして、漢語に頻出する「ン」という音も、彼が書いた漢字の振り仮名を見つければ、どのように「ン」を読んでいたのかが分かるに違いない。

前章で、筆者は、平安初期、八〇〇年代の仏教経典に付けられた振り仮名の例を挙げ、後世「ん」と書かれる漢字音の振り仮名に三種類あったことを記した。

すなわち、

「喉内撥音」の「—ŋ」には「痛—ツイ」「冥—メイ」
「唇内撥音」の「—m」には「厭—エム」「感—カム」「甘—カム」
「舌内撥音」の「—n」は「恨—コニ」「愆—ケニ」

などである。

僅かな例ではあるが、空海が書いた『金剛頂経一字頂輪王儀軌《こんごうちょうきょういちじちょうりんおうぎき》音義《おんぎ》』という書物のなかに、これと同じ仮名の使い方が見える。

例えば、「揀《カン》」という漢字に「可爾《カニ》反」、「葷《クン》」に「鬼爾《クヰニ》反」という振り仮名をつけているのがそれである（「反」の字は唐代まで使用され、宋以降は「切」を使用する。「反切」と呼ばれるのはこのためである）。

『金剛頂経一字頂輪王儀軌音義』という書物は、空海が『金剛頂経一字頂輪王儀軌』というお経を、日本語で理解するために著した書物で、彼はこの本のなかで万葉仮名で日本語の訓《よ》み方を示そうとしたのである。

『広韻』では「揀」は「古限切」、「葷」は「許云切」という反切で、それぞれ「kʌn（カン）」、「huen（フアン）」と発音されたものであることを意味している。してみれば、これは漢字の発音を中国語で示そうとしたものではない。

「揀」を「可爾反」と記しているのは「カニ」、「葷」は「鬼爾反」で「クニ」と訓むという振り仮名を〈ひらがな〉や〈カタカナ〉がなかったために、漢字で振ったものなのである。「可」の「カ」と「爾」の「ニ」は万葉仮名でも利用される漢字である。

また「鬼」は現在では「キ」という音で読まれるが、旧仮名遣いでは「クヰ」と書かれた。その「ク」の発音だけを利用して「クニ」、つまり「クン」と読むという仮名なのである。

この「ニ」は、前章で挙げた、舌内撥音の「―n」に、八〇〇年に書かれた『大乗阿毘達磨雑集論』や八九六年の『蘇悉地羯羅経略疏』で、「爾」や「ニ」と振り仮名をつけた方法と同じである。

つまり、「ン」という記号がなかった時代、空海もまた「ニ」と書いて「ン」を示すしかなかったのである。

天才と呼ばれる空海とて、時代という制約があった。「ン」と書こうとしても「ニ」としか書くことができなかった。

しかし、彼は「ン」という文字を作るより、もっと本質的な、「ン」という文字が機能するための根元的な思想を我が国に植えようとしたのだった。

はたして、空海が四十五、六歳のころに著した『吽字義』という書物こそ、その思想を表明したものである。

「吽」とは漢字であるが、空海によれば、もともとはサンスクリット語で「H」「A」「U」「Ma」の四つの音が合成されることによって作られた「Haūm」で、「ウン」あるいは「ン」と発音される言葉であるという。

そして、空海は、『吽字義』のなかで、この文字をそれぞれに分解して、次のように説明する。

「H」は「原因」や「因縁」を意味する。

「A」はすべての真理の源である。

「U」は「無常」や「苦」「無我」を示す。

「Ma」は、自己である「我」と仏法によって現れた「我」をいう。

そしてこれらのすべてを統合したものが「吽」である。「吽」という真言は、人間という有限の存在が、無限である神や仏という至極の理念と修行の極位を明らかにするものである、と。

真言宗では、「阿《あ》」から始まる「阿字観」という瞑想を行って宇宙が生じる瞬間を体験し、そして最後に「吽字観」で、再びこの宇宙が収縮し種子となることを瞑想する。曼荼羅ではこれを「胎蔵界」と「金剛界」と呼ぶが、つまるところ、これこそが空海が目指した「即身成仏」の根本の思想だったのである。

はたせるかな、五十音図は、「ア」からはじまり「ン」で終わる発音の世界を図で示している。

それぞれの文字は、ただ日本語の発音を単に表記の指標として示しているものと言うこともできるだろう。しかし、それぞれの音は、発音だけではなく、それを組み合わせることによって、言葉で森羅万象を描くことのできる種を内包して存在する。

仏教は、常に変化して已《や》まない現象を凝視することによって、変化しないものがあることを知るという哲学である。

空海が著した『吽字義』は、これを、真言という言葉の世界に当てはめて明らかにしようとした書物であったのだ。

インドから中国を経て、遣唐使によって伝わったサンスクリット語と中国語が、仏教思想という大きなうねりのなかで日本語の表記方法を生み出して来る。そのピリオドを打つように最後に表記として現れたのが「ン」であったのは、必ずしも偶然ではなかった。

「ん」は、言語の記号としてだけではなく、我が国の思想の上でも、空海とは切っても切り離せない重要な要素として特筆すべき問題を内包しているのである。

第四章　天台宗と「ん」

空海から最澄へ

『源氏物語』が著《あらわ》されたのは、平安後期、おおよそ一〇〇〇年頃のこととされる。〈漢字〉〈ひらがな〉〈カタカナ〉を駆使して連綿体で書かれた全五十四帖に及ぶこの物語は当時の語彙《ごい》、文法などを知る上での国語学の資料としても重要な文献である。

また文学では光源氏を主人公にした恋愛小説とも言われるが、インドで生まれた仏教が中国、日本へと伝播《でんぱ》して来ることによって生まれた、深い仏教的な無常観と因果応報、因縁の世界観を根底に、中国の儒教や日本の上古からの精神を織りなす東アジア全体を貫く文化の結晶とも言えるのではないだろうか。

ところで『源氏物語』が書かれていた当時、人にもっとも読まれていたのは天台宗の根本経典である『法華経』であった。

天台宗は、空海と同時に遣唐使として中国に渡った最澄がもたらした新しい仏教である。

空海が伝えて高野山・東寺などを中心に広めた真言密教「東密」に対して、最澄が比叡山延暦寺を拠点に布教した天台密教を「台密」という。

じつは、この台密があったことによって、我々が使う日本語が発達したと言っても過言ではない。

「ん（ン）」という文字が日本語の表記として現れるためには、空海が説いた真言密教が、天台宗の僧侶たちによって理解され、仏教がより広い人々に受け入れられなければならなかったのである。

この章では、「ん（ン）」の問題とはやや離れるが、平安時代の仏教思想の流れをたどりながら、なぜ「ん（ン）」を書くことが必要になったのかについて記したい。

悟りへの悩み

さて、お経を読めば悟りが開けるというわけではない。では肉食などを止める仏教の戒律を守れば、悟りが向こうからやってくるかといえば、そんなこともあるまい。悟りを開くためには、因果応報によって生じるそれぞれの「生」を全うしながら、永遠に輪《りん》廻《ね》を繰り返さなければならないという奈良時代の仏教のような教説も生まれてくる。

しかし、こうした教えに対して空海は「即身成仏」という新たな思想を提唱した。

空海は天才であった。自ら『三教指帰《さんごうしいき》』（もと『聾瞽指帰《ろうこしいき》』）という自伝のなかに記すように、貴族でなかった彼は、たとえどれほど頑張って勉強をしても、政治の上層部の地位を得ることなど望むべくもなかった。この世と自己内部にある限界を超越するために、彼に残された道は、唯一仏教という方法であった。

それまで行われていた顕教《けんぎょう》と呼ばれる奈良仏教は、国家鎮護を祈願することで、人心を掌握することはできても、「如来内証智《にょらいないしょうち》」つまり「仏や宇宙と一体化する絶対真理の境地」を得ることは不可能である。

空海が求めたものは、奈良の旧仏教で説かれる顕教による六度（布施・持戒・忍辱《にんにく》・

精進・禅定《ぜんじょう》・知恵）と三大無数劫の輪廻を経た末に得る悟りを、どのようにすれば自分の一生の中だけで得られるのかということであった。そのためには、どうしても中国へ行って、インドから中国に伝わった密教に触れなければならなかったし、サンスクリット語によるオリジナルの「真言」を知る必要があったのである。

空海がみずからの天才的な勘《かん》を発揮することができると確信できたのは、室戸崎で明けの明星が口に飛び込むということがあったからとも言われている。

空海には手段や方法など問題ではなかった。教えと言われるもののなかには仏教だけではなく儒教や道教などもある。仏教でさえ小乗、大乗の別、また悟りを開くための経典とて数多くある。

要するに悟りに至るまでの入り口がたくさんあるなかで、最も自分に合致したものを得るためには「勘」しかなかったのである。

しかし、それは中国から与えられることを待つだけの日本にいては得られない。中国に行って本物を摑《つか》むしかなかったのである。

最澄という秀才

天才空海に対して、最澄は秀才であった。そして奔放な性格の空海に対し、最澄は非常に真面目な性格だったと思われる。

出自にしても、近江の豪族で、家系を辿《たど》ると中国後漢の王族にまで遡《さかのぼ》るという伝説さえある。

十八歳の時に東大寺で具足戒を得たが満足できず、比叡山に籠もって一切経を読み耽《ふけ》って仏教の精義を研究したとされるが、空海が「虚空蔵」の陀羅尼《だらに》を頼りに奇跡を得たのとは対蹠《たいしょ》的であろう。

最澄が晩年に書いたものに「山家学生式《さんげがくしょうしき》」というものがある。天台宗（山家）の修行をする人たちのための規則で、正式には「天台法華宗年分学生式」（通称「六条式」）、「勧奨天台宗年分学生式」（通称「八条式」）、「天台法華宗年分度者回小向大式」（通称「四条式」）の三つを総称したもので、最澄が理想とした仏教の修行方法である。

これによれば、受戒した僧は十二年間比叡山から一歩も出させずに修行させ、天台宗が伝える法華経を唯一の頼みとする一乗思想に基づいて、大乗戒の出家を養成すること。

そしてこの修行の結果を見て、学問にも実践にも優れた者を国の宝として比叡山に留めて最上席の者とし、学問のみに優れた者は地方の国師に、実践のみに優れた者は国の働きをなす者として用いるようにするというものである。こうすれば、道を求める人は世の中に相次いであらわれ、仏道によって国家は固く守られ、仏の種も絶えないというのである。

こうした考えは秀才で真面目な最澄ならではの思想で、空海が神秘主義的な方法で一気に悟りを開くために自力で思想を構築して行くのとは全く異なっているといえよう。

密教に帰依する

天台宗を最高の教えとする最澄は、空海と同時に入唐し、そこで密教を学んできている。

密教の儀式としては、曼荼羅《まんだら》を東西に掛けて護摩《ごま》を焚《た》き、宇宙の根源を瞑想し自己がそれと合一になることで悟りを開くというものがあるが、最澄が学んできたものはじつは傍系の、しかも入門程度の密教であった。そして、空海が持ち帰った密教が本筋であったと知った時、真面目な最澄は空海の門をくぐることになる。

ところが、弘仁四(八一三)年十一月に最澄が真言宗の重要な経典である『理趣釈経』の貸し出しを願い出ると、空海はこれを断り、以後絶交するのである。

空海は、最澄のような真面目さでは決して密教の神髄に到達することができないことを見抜いたのではないだろうか。感覚的にも彼と最澄とでは違うところがある。

もし空海が最澄に同じ密教の道を歩ませたとしたら、年齢や経験からしても最澄は結局「即身成仏」の境地を得るより前に悩み苦しむことになったに違いない。この時、最澄はすでに四十六歳になっていた。同時に、空海が伝えようとしている真言宗を最澄に教えたとしたら、二人の思想には違いがなくなってしまう。

感情的な問題ではない。同じ方法をひとつの小さな国で伝える必要などない。最澄には最澄の方法がある。奈良仏教の本筋を得た結果として表れてくる法華一乗の最澄の思想は、それはそれで完成されるべきものである。最澄のように真面目で一途な人たちのためにはその方法が悟りへの近道を示すことになろう。最澄はその秀才らしい努力によって密教を彼なりに完成するしかない。

最澄の死後、天台宗の密教と呼ばれる台密は、空海が伝えた密教とは異なった方法で、民衆から支持を得て大きく発展することになる。そのために用意された書物が、台密の主要経典のひとつである『蘇悉地経《そしつじきょう》（別名、蘇悉地羯羅経《そしつじからきょう》）』というお経だったのである。

『蘇悉地経』

『蘇悉地経（蘇悉地羯羅経）』とは、重要な密教経典である『大日経（大毘盧遮那成仏《だいびるしゃなじょうぶつ》神変加持経《しんぺんかじきょう》ともいう）』『金剛頂経』などの経典に記された悟りの境地を得るための修行の方法を記したものである。

「真言」が如来の伝えた言葉で、それを正確に発音することが必要だと空海が考えたことは前章に記したが、この仏典も同じ意味で、大日如来の教えに従うための作法と、金剛界と胎蔵界の両部分を統合する思想を伝えたものである。

空海が伝えた密教では大日如来を中心に置いて、世界が宇宙の果てまで広がっていくことを唱える「胎蔵界」と、その宇宙が収縮して核を作っていく「金剛界」との二つの世界を瞑想する。こうした世界がまたそれぞれ繋がって一体であることの認識には、修行なしには誰も到達することができない。

その修行の方法を伝えたのが『蘇悉地経』なのである。「蘇悉地」はサンスクリット語で、「妙なる成就」、また「羯羅」は「作法」を意味する。つまり、『蘇悉地羯羅経』というのは、分かりやすく訳せば「妙成就の作法を教える真理の本」という意味なのである。

最澄の跡を継ぐ台密の弟子たちは空海が感覚的に学び得たこうした真言の妙行を、『蘇悉地経』という本を頼りに行うことになる。この書物を我が国に伝えたのは、最澄の遺言により唐に渡った、慈覚大師の名でも知られる円仁《えんにん》（七九四〜八六四）であった。

慈覚大師円仁

円仁は下野《しもつけ》国壬生《みぶ》（現・栃木県下都賀《しもつが》郡壬生町）の出身で、九歳の時に大慈寺（現・下都賀郡岩舟町）に入って修行をはじめた。

その時の師は広智である。広智は、鑑真の弟子道忠の弟子で、最澄とも親交があった。

大同四（八〇九）年、広智に伴われて延暦寺に上って最澄の門下となり、弘仁七（八一六）年、二十三歳にして東大寺で具足戒を受け、承和五（八三八）年、遣唐使に選ばれて入唐する。彼は『在唐記』（あるいは『入唐求法巡礼行記《じっとうぐほうじゅんれいこうき》』『円仁記』ともいう）を記してみずからの中国での経験をひとつの書物としてまとめている。

これによれば、彼はほんとうは最澄が修行をした天台山へ行こうとしたものの、短期留学生であるという理由で断られ、やむなく揚州開元寺にとどまって悉曇学を学び、のち、現山西省にある五台山、そして長安に行くことになったこと、長安では、大興善寺の元政に金剛界の大法を、またかつて空海の師であった恵果がいた青龍寺の義真からは灌頂を受け、胎蔵界・盧遮那経大法と蘇悉地大法を授けられたことなどが記されている。

円仁は、サンスクリット語も本格的に学んでいる。彼が帰国に際して作った書籍の目録『入唐新求聖教目録《じっとうしんぐしょうぎょうもくろく》』には、こうしたサンスクリット語による仏典もあわせて、四百二十三部五百五十九巻にものぼる書物が掲載されている。これらは、いずれも空海や最澄たちが見ることができなかった新しい書籍であった。

石山寺へ

ところで、先に筆者は奈良時代以降、漢文を日本語で読もうとして助詞の「ヲコト点」や振り仮名が書き加えられた資料を「訓点資料」というと述べた。『蘇悉地経』は訓点資料のなかでもその数が最も多いもののひとつなのである。それだけ多くの人々によって読まれたということであろう。

「訓点」とは、つまり漢文で書かれたものを当時の日本人が一生懸命に日本語で読もうとした軌跡である。繰り返しになるが、奈良時代も初めのころは、漢文は中国や朝鮮半島から渡ってきた人々に中国語で読む方法を習って中国語で読まれていた。しかし、日本が次第に日本らしい国家体制を整えることができるようになると、中国語ではなく日本語でこれらを理解しようという機運が高まってくる。『万葉集』などに詠《うた》われる日本的な情緒は、決して漢文では表すことができなかった。そうした思いを漢字で写し取ったのが万葉仮名である。

わが国にはすでに当時、多くの仏典が遣唐使によってもたらされていた。この中、『華厳刊定記』（大東急記念文庫蔵）は、延暦二（七八三）年に日本人の手によって朱点、白点、句点、返り点がつけられたものとされている。また『成実論《じょうじつろん》』（東大寺図書館蔵）も古くから中国語では読まれていたが、天長五（八二八）年に、初めて「ヲコト点」つきで、これを日本語として訓読した年記が書きこまれているのである。

ところで、「ヲコト点」の付け方は、各寺院の流派によって異なって伝えられた。大矢透、春日政治、築島裕、中田祝夫《のりお》博士等の訓点研究の専門家は、このそれぞれに違う「てにをは」の付け方の位置を精査し、これを「点図」と呼んで整理した。それによれば、この点図伝承の流派は、およそ第一群点から第八群点というように分類される。たとえば第一群点とよばれるものは東大寺・興福寺などで使用され、第二群点は元興寺法相宗、第三群点は東大寺のなかでも華厳宗を読む僧侶が使ったものとされている。

さて、この点図の師伝のうち、第一群点は、東大寺から比叡山に伝わり、そこで第五群点が作られた。それを明らかにする資料が寛平八（八九六）年にヲコト点をつけられて読まれた円仁著『蘇悉地羯羅経略疏』という本なのである。すなわち、円仁が中国から持ち来たった『蘇悉地羯羅経』の注釈書のなかでも天台密教の精髄を伝える重要な書物のひとつである。

そして、この書を訓読するための「点」は、比叡山から仁和寺、石山寺へと伝わっていった。

石山寺と平安時代の女流文学との関係は非常に深い。『枕草子』には「寺は石山」と記され、『更級日記』には菅原孝標女《たかすえのむすめ》が石山寺に参籠《さんろう》した記事が見え、さらに紫式部が『源氏物語』の着想を得たのもこの寺であったと言われている。

『往生要集』から『平家物語』へ

最澄が比叡山で入寂したのは、弘仁十三（八二二）年六月であった。彼の最後の願いは、当時、奈良の東大寺、筑紫の観世音寺、下野の薬師寺だけで許されていた戒壇を比叡山に設けることであった。

これは、最澄存命中には許されなかった。しかしその後天台宗は、円仁による悉曇学や本格的な天台の密教化への経緯によって、最澄が唱えた「法華一乗」という思想を大きく発展させたのである。

最澄没後約百六十年、比叡山の横川《よかわ》にあった源信（九四二〜一〇一七）が『往生要集』を書くことによって、天台宗からひとつの大きな思想が生まれることになる。それは、また同時に円仁が中国から持ち帰った新しい思想の熟成でもあった。

というのは、円仁は『蘇悉地経』を我が国に伝えたと同時に、中国五台山で行われていた「念仏三昧法」を比叡山に伝えたからなのである。

円仁が中国の天台山に行けなかった理由が短期留学生であったことだとはすでに述べたが、彼は長安に向かう途中、山西省の五台山に滞在し、それまで我が国にはなかった浄土教を学ぶことができたのである。

阿弥陀如来の名号《みょうごう》を唱えて三昧《ざんまい》に入ることは、空海が説く「真言」を唱えることと同じことだと浄土宗の本質を知る円仁は言う。そして、この考えは源信の『往生要集』によって浄土教の新しい日本的な解釈として発展し、思想的な基盤が強化される。はたして、この浄土教は、特権階級だけに許されていた仏教を、より多くの人を救済することができる宗教へと広め高めることになったのである。

一心に阿弥陀如来の救済の願を信じて念仏を上げながら、浄土を欣求《ごんぐ》し現実という娑《しゃ》婆《ば》世界を穢《けが》れたものとして厭《いと》い離《はな》れれば人は救われる。

現在、国宝、世界遺産に登録された京都宇治の平等院は、円仁、源信によって説かれた天台浄土の思想を具現化した寺院と言われる。

源融《みなもとのとおる》、宇多天皇、源重信、藤原道長が代々別荘としていたところに、永承七（一〇五二）年、道長の息子頼通が、寺院を建立し、その翌年、平等院阿弥陀堂（鳳凰堂）が建てられた。

ところで、頼通によって宇治殿が寺と改められた永承七（一〇五二）年は、浄土教にとって特別な年であった。

釈迦の入滅後二千年に始まる、「末法」の元年に当たるのである。

「末法」が来ると、天災や人災が続いて世は乱れるという思想のなかで、人が出来るのはただ「阿弥陀如来」の念仏を上げながら、ひたすら浄土を目指すことだけであった。

当時、全国に飢饉《ききん》が起こり、京都にも餓死した死体がゴロゴロと転がっていたという話は『今昔物語』にも記されるところである。

庶民をも救済するという浄土宗の流行は、この平等院が造られた時代からまもなくである。

天台宗門の源信から法華一乗の思想を発展させた日蓮の日蓮宗、法然の浄土宗、そして親鸞の浄土真宗へと繋がっていくこうした仏教の庶民への浸透は、同時に、それまで貴族たちが独占していた日本語を根底からくつがえすような勢いで、書物の中に現れてくるようになる。

その代表的なものが「法談」あるいは「説経」と呼ばれる日蓮宗、浄土宗などの教説本や仏教説話を多く用いた『今昔物語』『古今著聞集』などの説話であり、また琵琶の弾き語りによって伝えられた『平家物語』である。

和歌文学などのように美しく洗練された言葉によって書かれたものとは違って、これらの書物はいずれも短文で、歯切れのよい言葉が躍り出ている。それもそのはず、これらの書物には濁音や撥音便の「ん（ン）」がいたるところに現れる。

「ん（ン）」はこの時期から日本語になくてはならない「表記」としてその地位を確立した。

このように、我が国天台宗の開祖、最澄が蒔《ま》いた種は、庶民の救済という目的によって、新しく大衆にまで拓《ひら》かれていく日本語を生み出すきっかけをも作ることになったのである。

言語の歴史は、思想の潮流と無関係ではない。平安時代の仏教思想の歴史は、同時に日本人がどのように日本語を自在に使って自らの思想を表現し、救済を押し広めていくかということでもあった。

そのなかでも「ん（ン）」は、庶民へと広がっていく仏教思想の大きなうねりの中で生みだされたものだったのである。

第五章　サンスクリット語から庶民の言語へ

サンスクリット語が開く世界

平安時代初期、権威的な国家鎮護を目的とした奈良仏教に対して、空海や最澄は「本当の成仏とは何か」という問いを持って戦いを挑んだ。

ひるがえって言えば、この問いは、仏教がもし本当に生きとし生けるものすべてを救済する教えであるとすれば、万人に分かるような、日本語での仏典の理解が必要ではないかという問いでもあった。

ただ、そのためには仏典のオリジナル、サンスクリット語を研究し、日本語がどのような文法体系をもっているのかということが明らかにされなければならなかった。

アルファベットで書かれるインド・ヨーロッパ諸語のひとつであるサンスクリット語は、表音文字で言葉を書き、格を変化させ、動詞の語尾変化があったりする。格変化や活用などを伴わない漢語とはまったく異なった言語で、どちらかといえば日本語に似ている。

前章で述べた最澄から鎌倉初期にいたる庶民救済の思想としての天台宗とは別に、天台宗は最澄から円仁、円仁から安然《あんねん》、安然から明覚へと、ひたすら日本語の本質の研究を行う系譜がある。彼らが、漢語とサンスクリット語、日本語を対照させて考えることが出来たからである。もちろん、そのなかには「ん」という音が何なのかという問題も含まれている。

安然のサンスクリット語研究

安然(八四一頃~没年不詳)という僧は、近江国《おうみ》(現・滋賀県)の出身で、最澄と同族の人と言われている。最澄亡き後、比叡山に上り、円仁の弟子となって台密を研究したが、台密の総本山にいながら、彼は「天台宗は真言宗である」と言い切った。

それは、彼がサンスクリット語を研究することを通して、空海の「真言宗」と同じレベルまで天台密教を大成するにいたったことを意味する。

なぜ、そういうことが可能であったか。

安然も、じつは遣唐使として唐に渡って長安で学問をしたいと考えていた。しかし、すでに唐は滅亡への道を歩みつつあった。もはや遣唐使は危険を極めると、菅原道真（八四五〜九〇三）らによって廃止論が唱えられていた。

どれほど入唐を望んでも、安然に入唐の機会はめぐって来なかった。彼はその入唐への思いを、より深い学問へと求めたのである。

元慶四（八八〇）年、ついに彼は『悉曇蔵《しったんぞう》』という画期的な書物を書き上げる。

これは、それまでに入唐して悉曇学を修めた最澄・空海・円仁（天台宗）・円珍（天台宗）・円行（真言宗）・常暁（真言宗）・恵運（真言宗）・宗叡（真言宗）が我が国に請来したサンスクリット語に関する合計二百余りの書物を引用しながら、悉曇学の重要性とその研究の方法を示した書物である。

安然が『悉曇蔵』のなかで明らかにしたのは、第一に「サンスクリット語がいかにして発生し、どのようにして今日にまで伝わったか」、第二に「インドの南北の地方に方言の違いがあるとすれば、はたしてどちらを我々は学ぶべきか、その正統性はどちらにあるか」、第三に「正確にサンスクリット語の音韻はいかなるものか」、第四に「どのようにすればサンスクリット語の言葉の意味を正しく解釈することができるか」であった。

さて、このような研究を行うなかで、安然は、サンスクリット語では二語以上が合成されて一語となる場合、「サンディ（連声《れんじょう》）」と呼ばれる音韻変化が起こることに着目する。たとえば、「森の中にいるような」という表現で、「vane（森の中に）」と「iva（〜のような）」という二つの単語が続く場合、「vane」は「vana」と変化して「vanā iva」となる。また、「敵が笑う」で「dvit（敵）」と「hasati（笑う）」の二つの単語が続く場合、「dvid dhasati」と音を変化させてしまう。

これは日本語でも起こる同じ現象ではないかと、安然は言うのである。「噛《か》む」は「噛んで」となり、「因（イン）」と「縁（エン）」が合成されると「インネン」……。こうしたことは中国語では起こらない。どういう場合にこういう現象が起きるのだろうか。

明覚が見つけた撥音

中国語には現れず、サンスクリット語や日本語にだけ起こるこのような「連声」という現象をさらに見つけることに成功したのは、五十音図のもとを作ることになった明覚（一〇五六〜没年不詳）であった。

明覚の詳しい経歴は、ほとんど分かっていない。比叡山延暦寺で天台宗を学んだ明覚は、最初、覚厳《かくげん》という僧侶に師事し、安然に私淑してサンスクリット語の研究である「悉曇学」を重ねたとされる。

その後、故あって比叡山を下り、加賀の薬王院温泉寺にあって、悉曇学を極めることになる。

さて、彼は『悉曇要訣』の中で、ある種の二つの音が連続したり、ある種の音の前後では、日本語に「ん」という音が現れてくることを発見して次のような例を挙げる。

阿弥陀仏　　アミダブツ→アミダブン

左手　　ヒダリノテ→ヒダンノテ

乗馬　マニノリテ→マンノリテ

現在、日本語学では、二つの音が連続する時に起こる音の変化は「連声」と呼ばれ、フランス語の「リエゾン」に相当するとされている。これを安然や明覚は「大空の音」と表現した。「大空」とは、もともと真言密教の言葉で、十方の世界に本来的な方向や場所などの相がないことをいう。つまり、存在はしているのに、どこから現れどこに行くのか分からないもののことである。おそらく安然にしても明覚にしても「ン」の存在をそうしたものと捉えたに違いない。

「ん（ン）」という表記がいかにして現れてきたかについては、第八章で詳しく触れたいが、文献の上で「ン」という文字が使われた最古の例は、現在のところ康平元（一〇五八）年に書かれた『法華経』（大阪府高槻市の龍光院所蔵）だと言われている。

明覚の『悉曇要訣』は康和三（一一〇一）年頃に書かれた。

当時すでに「連声」という日本語特有の音韻変化の現象はあっても、まだ表記としての「ン（ん）」はじゅうぶんには確立していなかった。

すでに述べたが、承暦三（一〇七九）年に書かれた『金光明最勝王経音義』の巻頭には喉内撥音の「ŋ」は「レ」で、舌内撥音の「n」は「ヽ」で書くと記されていた。まだ「ン」という記号は発明されておらず、いったいこれをどう書けばいいのか、どうしてこんな音が現れてくるのかということも明らかではなかったのである。

はたして、明覚は『悉曇要訣』のなかで、「馬《ま》に乗《の》りて」が「馬ん乗りて」、「ありなむ」が「あんなん」、「知りなむ」が「知んなん」などと変化することを国語の問題として意識したのである。

明覚は比叡山を下りて、加賀で悉曇学や日本語の研究に没頭した。

京都の洗練された言葉に対して、加賀の言葉は方言に溢《あふ》れていたであろう。そして彼の耳は、それを敏感に聞き分けた。明覚は方言についても触れている。

「唵」を「オム」と読むべきところを東国のひとは「オン」と言い、「僧」を「ソウ」というべきを「ショウ」と言い、「蔵」を「ジョウ」、「釈迦」を「サカ」と言う。

また、「申《さる》の時《とき》」というのを播磨国（現・兵庫県南西部）のひとは「サンノトキ」と言う、などである。

さらに、彼は、こうした日本国内の方言ばかりではなく、中国宋からの商人の言葉も耳にしていたらしく、唐代までの中国語とは異なった、いわゆる唐宋音についても考察を行っている。

唐の商人は「行者《ギョウジャ》」を「アンシャ」、「普賢《フケン》」を「ホエン」、「経《ケイ》」を「キン」、「等《トウ》」を「チン」と言う。

中国語は唐から宋にかけて非常に大きな音韻変化を遂げた。中国音韻学では宋代以降の中国語を「近世音」と呼ぶ。現代中国語の発音に非常に近い音である。「行灯」を「アンドン」、「杏仁」を「アンニン」と読むのがそれであるが、これらの音は、奈良時代に我が国で使われた「呉音」、また桓武天皇の詔以降使われるようになった「漢音」に対して、「唐宋音」と呼ぶ。

明覚は、南北朝・室町時代になって禅僧たちが我が国に伝えた、元（一二七一〜一三六八）、明（一三六八〜一六四四）代の中国語に近いものを、すでに聞くことができたのである。

日本海側は、当時、朝鮮半島や中国大陸から文化が直接到達する「表」舞台であった。明覚はそうした地に身を置くことによって、サンスクリット語や日本語の変化を研究することに成功したのである。

ただ、忘れてならないことは、安然にしても明覚にしても、彼らが行った研究は、現代の言語学者が行うような客観的視座からの言語の研究ではなく、日本語の表記、音韻を明らかにすることによって、最澄が天台宗の根本経典とした『法華経』をいかに正確に読経し、また正しく理解するかということにあった。

彼らは、空海と同様に、情報としての言語ではなく、人間の本質を知るために言語を追究しようとしたのである。

第六章　声に出して来た「ん」

『土佐日記』の「ん」

これまで筆者は、おもに仏教の立場から「ん」がどのようにして発明され、それが日本語のみならず日本語の表記の可能性を大きく切り開く要因になったかということについて述べてきた。

それでは、平安時代から、江戸時代に庶民文化が花開くまで、「ん」はどのように表現され、どのように扱われてきたのだろうか。本章では、そうした点にスポットを当てて時代を追いながら、「ん」の表記の変遷を見て行きたい。

さて『伊勢物語』は、九〇〇年頃、紀貫之《きのつらゆき》らの撰による『古今和歌集』に先だって成立したと考えられている。

『伊勢物語』（第六九段）には、「かち人の渡れど濡《ぬ》れぬえにしあれば」という和歌が見えるが、この「えにしあれば」の「えに」について、平安末期の歌学の大家、顕昭は、歌論書『袖中抄《しゅうちゅうしょう》』に次のように記している。

「えに」とは「えむ（縁）」といふ詞なり。末はねたる文字をばいづれも仮名をば「に」とつくるなり。はねたる仮名の文字なき故《ゆゑ》なり。

つまり、これによれば、九〇〇年頃にはまだ「ん」を表記する記号はなく、「ん」の代わりに「に」を使ったことを示している。

これは先に挙げた、空海が『金剛頂経一字頂輪王儀軌音義』のなかで「揀《カン》」という漢字に「可爾反」、「菫《クン》」に「鬼爾反」と書いてそれぞれ「カニ」「クニ」という振り仮名を振った例と同じである。

さて、「男もすなる日記といふものを、女もしてみんとてするなり」で始まる紀貫之の『土佐日記』の成立は、承平五（九三五）年頃と言われている。

男性が漢文で書くことが本来とされていた日記を、紀貫之は自分を女性に見立てて仮名を使って書いた。『土佐日記』は、女流文学の発達に大きな影響を与えた日本文学史上特筆すべき作品と言われている。

残念ながら、貫之が書いた『土佐日記』の原本は残っていない。よって彼がこれをどのような美しい連綿の書体で書いたかを知ることはできないが、幸いなことに藤原為家（一一九八～一二七五）が貫之の原本から直接写したと言われる『土佐日記』が存在する。

それをていねいに読んでいくと、たとえば、「十二月二十三日」の条にこうした例を見つけることができる。

国にかならずしも、言ひつかふものにも、あらざなり

「あらざなり」という部分、本来の古文の書き方では「あらざるなり」と綴るのが正しい表記であろう。しかし、この文を為家は「あらざるなり」ではなく「あらざなり」と写している。

これは、じつは、「あらざるなり」の「る」を撥音化して「あらざんなり」と読んでいたからなのである。

貫之の原本が書かれた九三五年前後には、〈ひらがな〉の「ん」はまだ生まれてはいなかった。繰り返しになるが、〈カタカナ〉の「ン」が使われたのも、康平元（一〇五八）年以前には遡《さかのぼ》ることができないのである。

貫之は「あらざんなり」と書こうとして、これが書けなかったのであろうか。じつは、そうではない。後に詳しく説明するが、彼はわざと「ん」という文字を捨てて書いたのである。

「ん」は下品

『源氏物語』が書かれる数年前に書かれたとされる清少納言の『枕草子』（一八六段）に、次のような文章が見える。

なに事をいひても、「そのことさせむとす、いはむとす、なにとせむとす」といふ「と」文字《もじ》を失ひて、ただ「いはんずる、里へいでんずる」などいへば、やがていとわろし。まいて、文《ふみ》に書いてはいふべきにもあらず。

何を言っても「その事させんとす」「言はんとす」「なにとせんとす」と言うところの「と」の文字を抜いて「言はんずる」「里へ出でんずる」などと言うのは、とりもなおさず良くない。ましてや、それを文章として書いてしまうのは言うまでもない。（筆者訳）

清少納言は、ここで、「と」という文字をぬいて言うことを問題にしているが、じつは、「と」がぬけることによって、「む」は「ん」に撥音化し、「す」は「ず」に濁音化する。おそらく清少納言は、こうした現象を「と」の文字を失うということで説明しようとしたのであろう。

「言はんずる」「出《い》でんずる」「為《せ》んずる」などという言い方は、『平家物語』などの軍記物にはよく使われる言葉である。しかし、軍記物などが現れる以前、王朝文化の華やかな時代、こうした言葉は、清少納言のような保守的な価値観を持つ人にとっては、非常に耳障りに聞こえたに違いない。ましてや、こうした崩れた口語を書くことは下品極まりないものに思えたのであろう。

「ん」は捨てて書く

さて、平安末期から鎌倉時代に生きた鴨長明《かものちょうめい》（一一五五〜一二一六）が書いた歌論書『無名抄《むみょうしょう》』の「仮名序事」という、和歌を書くときの仮名の書き方を述べた文章には次のように記してある。

撥《は》ねたる文字、入声《にっしょう》の文字の書きにくきなどをば、皆《みな》捨てて書くなり。万葉集には「新羅《しんら》」をば「しら」と書けり。古今の序には「喜撰《きせん》」をば「きせ」と書く。これら皆其證也《そのあかし》。

これは、撥《は》ねる音、つまり「ん」は、表記しないのが和歌を書くときの原則であるということを言っているのである。

こうした「ん」を書かないという伝統は、先に挙げた『土佐日記』の記述に「ん」が書かれていなかったこととも、もちろん無関係ではない。『万葉集』の時代には万葉仮名で「ん」を書き表す方法がなく、その伝統が和歌に残っていたということであろう。

「ん」は濁音の仲間である

標準語で「～しなくてはならない」というところを、九州弁では「～せんばならん」、「そんなこと」を「そがんこと」、「言わないで！」を「言わんで！」などと言う。

この言い方は、清少納言が下品と言った「いはんずる」「里へいでんずる」という言い回し同様、日本語が連声によって崩れて出てくる口語である。

これは、もともとは「せねばならぬ」と言っていたはずの「ね(ne)」が濁音の「ば」に引かれて「n」となった。「いでむ(m)ずる」が「いでん(n)ずる」に変化した形である。

「いはむとす」に対して「いはんずる」、「いでむとす」に対して「いでんずる」と聞いて清少納言が下品だと思ったように、日本語は、濁音を嫌うという特徴がある。

「ブタ」「ズンドウ」「ボンクラ」「ガキ」……挙げればキリがないが、濁音で始まる言葉にはあまり清潔な印象を与えるようなものはない。

「ん」も、はっきりとした濁音ではないけれど、「あ」から「を」までの清音で構成された五十音図の枠外にあるという点からしても、少なくとも正統な清音とは見なされて来なかった。

そして、なおかつ、「ん」は「頑固」「残飯」「だんだら」「たんぽぽ」など、往々にして濁音や半濁音の前後に現れる。濁音と「ん」には関係があるということを、言語感覚の鋭い人たちは感じていたことであろう。

和歌は、平安時代以来の伝統を現代にまで伝えた我が国の誇る文化のひとつである。五七五七七という、日本ならではの音節の並びのなかに、四季や恋を描き出すこの言語芸術は、平安時代前期、『古今和歌集』が編纂されるころから、より洗練された言葉を使うことが要求されるようになる。そして「歌合わせ」という言葉の戦いによって優劣がつけられ、それが権力や地位の上下に直接反映されるような時代に入る平安中期からは、口語とはかけはなれた和歌独特の言葉が尊ばれるようになる。

『源氏物語』のなかには口語表現が多数見えるとはよく言われることである。しかし、これとて和歌の系譜に属するような、和歌を中核として洗練された言語を基礎としていることは否めないであろう。

しかし、こうした洗練された言葉が使われるようになる以前、『万葉集』などに見えるもののうちには、言語がまだ未熟だった上古の時代の、口語的なものから発達したという形跡を覗《のぞ》かせるものがある。たとえば山上憶良の「貧窮問答歌」に見える「鼻毗之《はなびし》毗之尓《びしに》（鼻をびしょびしょにして）」などの表現はそうしたものの代表的な例であろう。

日本語には外国語に比べて擬音語や擬態語（オノマトペ）が非常に多いことがすでに

指摘されている。雨が細かく降ることを喩《たと》えた「シトシト」という擬態語から「しとる」という「湿る」の意味を表す動詞が派生したり、「ひらひら」が「開く」や「広がる」という言葉を派生させるなど、こうしたオノマトペは口語的な要素が非常に多い。

しかし、和歌はオノマトペをそのままの形で言葉として使うことを嫌う。とくに濁音を使うことが和歌に少ないのは、オノマトペのようなものは言語としての洗練という点において、いまだその域に達していないからである。

同様に、和歌の世界では「ん」という表記やそうした音が現れる漢語などを使うことが嫌われる。これは、「ん」という音が濁音に属する下卑た音であることを意識していたことを示唆するものであろう。

丹波の小雪

ところで、鎌倉時代も末期、元徳二（一三三〇）年から元弘元（一三三一）年にかけて書かれたとされる『徒然草』（一八一段）には次のような話が記されている。

「ふれふれこゆき、たんばのこゆき」といふ事、米舂《よねつ》きふるひたるに似たれば、粉雪《こゆき》、といふ。「たまれ粉雪」と言ふべきを、あやまりて、「たんばの」とはいふなり。（中略）昔よりいひける事にや。鳥羽院《とばのゐん》幼くおはしまして、雪の降るに、かく仰せられけるよし、讃岐典侍《さぬきのすけ》が日記《にき》に書きたり。

「ふれふれこゆき、丹波のこゆき」という童謡の一節がある。この「こゆき」とは、その雪の降る様子が、米を搗《つ》いて、ふるいでふるった様子に似ているので、粉雪という。しかし「降れ、降れ、粉雪。溜まれよ小雪」というべきところを、間違えて「丹波の小雪」と言い換えてしまうようになったのだ。（中略）このことは昔から言われている事なのだろうか。それは、鳥羽上皇（一一〇三〜一一五六）が幼くいらっしゃった時に雪の降る中でこのようにお歌いになった、という事が讃岐典侍の日記に書いてある。

（筆者訳）

これは、音の変化によって「溜まれ粉雪」が「溜んまれ粉雪」、そして「丹波の粉雪」

という地口となった経緯を示したものである。

鎌倉時代も後期になれば、こうした音韻変化を言葉遊びとして楽しみ、それを文字として書き残すという時代にもなってくる。

庶民に広がる「ん」

さらに、前章で述べた明覚が『悉曇要訣』を書いて二十年ほどを経た一一二〇年頃、白河法皇・鳥羽法皇によるいわゆる院政期に、『今昔物語集』が著された。これはインド・中国・日本の千余りの説話を集めたものである。芥川龍之介によって脚色された『羅生門《らしょうもん》』、あるいは『鼻』などによっても知られるが、ほとんどが仏教的な世界観による話である。

「今は昔」で始まる『今昔物語集』も、短編小説のような形でただ説話を収集するという目的とは別に、インドから中国を経て我が国に伝わった仏教の教理を説きそれによってひとを仏教に帰依《きえ》させることに目的があったに違いない。

しかし、説話は、仏教の教説を説くという本来の目的から離れて、次第にひとの興味を引く話を集めた『古今著聞集』や、室町期に流行する反本地《ほんじ》垂迹《すいじゃく》説などを説く説経、室町時代物語、御伽草子などへも発展することになる。

説話のスタイルは、いずれも口語をもととしたものであって、和歌文学とは別の系列をたどったものと言えよう。こうしたものには「ん」という表記の多用が認められる。例えば、天理図書館に所蔵される室町時代物語のひとつ『荒五郎発心記《あらごろうほっしんき》』（翻刻は西沢正二『中世小説の世界』より）の冒頭を少し引いてみたい。

そもそもこうやさん（高野山）と申は、帝城をさつてとをく、旧里《きうり》をはなれてむにんじやう（無人声）、八葉《はちよう》のみね、ががとしてたかし。八《やつ》のたに、しんしんとして、しつかなる所なれは、弘法《かうぼう》大師、入定《にうぢやう》し給ひて、せそん（世尊）のしゆつせさんゑ（出世三会）のあかつきをまち給ふれいちなれは、あるひはざぜん入定のゆかもあり、あるひはねんぶつさんまいの所も有、おもひおもひにうきよをいとひ給ふ所に、出家さんにん（三人）、所どころにすまひし給ひしか、ひとつ所によりあひて、物かたりをする程に、一人の僧、申されけるは、われらは、みなはん（半）出家なり。何ゆへにとんせいしけるそ。いさざせんのめんめん、さんげ物かたり申候はん。

十行に満たない文章のなかにすでに十八個もの「ん」が現れている。もちろん漢語がそのまま利用されているということを勘案すれば「ん」の多用は当然だとも言えよう。しかし、これがもし『源氏物語』の文章であったとすれば、もっとなよやかな和語が使われ、「ん」の多用は避けられていたに違いない。

「ん」という音を書き表すことができるということは、日本語のリズムをテンポよくするということにもつながる。そしてそれは人が喋るそのままの言葉を書き写すことにもなる。「ん」を書くことができるということは、すなわち「書き言葉」が貴族などの特権階級だけではなく、もっと庶民的なレベルまで文化が広がっていく可能性を切り開く、大きな推進力となったのである。

宣教師が写した「ん」

ところで、日本語が初めてローマ字綴《つづ》りで表記されたのは、室町時代末期から江戸時代初期、つまり十六世紀の後半から十七世紀にかけてのことであった。天文十八（一五四九）年に鹿児島に来日したフランシスコ・ザビエルをはじめとする、イエズス会の宣教師たちによってである。

彼らはキリスト教を日本に布教する目的で日本語を習得した。とは言っても、現在のように日本語教育のカリキュラムが整った日本語学校があったわけではない。彼らは耳から入って来る言葉をローマ字で書き綴り、日本語を勉強しなければならなかった。しかし、彼等のそうした日本語への関心は、やがて、それまで我が国にはなかった文法書となって大成を見せる。

ポルトガル人イエズス会司祭、ジョアン・ロドリゲス（一五六一～一六三四）によって書かれた『日本大文典』はその代表作であり、室町末から江戸時代初期の日本語の状況を知るための不可欠の文献となっている。

彼は、十六歳の時に日本に来て、イエズス会の通事（通訳）や会計責任者を務め、天正十九（一五九一）年三月に豊臣秀吉が聚楽第《じゅらくだい》で開いた茶会に招待されたりしているが、長崎の貿易とイエズス会内部の政治問題によって慶長十五（一六一〇）年にマカオに追放され、そこで没した。

ロドリゲスは、マカオで書いた『日本大文典』のなかで、撥音について次のように述べる。

言葉がM、N、即ち、鼻音を含むとき、それを日本語で〝撥字〟(Faneji)と呼び、その場合には綴字のMu(む)を用ゐる。〝ばむぶつ〟(Bamubut、万物)のやうに書いて、Bambutと読む。

NがB、M、Pの前に来る時は、如何なる場合にも、拉丁《ラテン》語に於けると同じく、Mと書き又そのやうに発音される。例へば、Xemban(千万)、mamman(漫々)、quimpen(近辺)。

イエズス会の宣教師たちによって書かれたもののなかには、ローマ字で綴られた『平家物語』や『日葡《にっぽ》辞書』など、いわゆるキリシタン版と呼ばれるものがある。

日本語をポルトガル語で説明した『日葡辞書』は語彙の数から言っても相当なもので、

近世の日本語の特徴を知るためには非常に重要な資料として知られている。

残念ながら『日本大文典』と同じ語は掲載されていないが、「もんもう（文盲）」「ねんぶつ（念仏）」「さんぱい（参拝）」など、先に挙げた「m」「b」「p」の前には「n」が来ることがないという原則がどのように処理されているかを調べる言葉がある。

これによれば「もんもう（文盲）」は「Monmo」（傍点筆者、以下同）、「ねんぶつ（念仏）」は「Nenbut」、「さんぱい（参拝）」は「Sanpai」とローマ字で記されている。ロドリゲスの綴りの仕方とは明らかに異なって、「m」であるべきところが、この辞書では「n」で書かれている。

これは我々が習うヘボン式と呼ばれる日本語のローマ字綴りの方法と同じである。「文」の漢字音が「モン」、「念」が「ネン」、「参」が「サン」であるとするならば、実際の発音はたとえ「m」であったとしても、それとは関係なくオリジナルの漢字音をそのまま残して「n」で書くという原則である。発音を主体としたロドリゲスの方法とは違っている。

これは、ローマ字で綴った場合のことであるが、もしも日本語の仮名表記が、発音に従って書くという原則で成り立っていたとすれば、本書の冒頭で述べたように「日本橋」は「にほむばし」と書かれていたであろう。もし、万葉仮名で一音に一つの漢字を当てて書くという方法が確立していたとしたら、あるいは、日本語はこの原則での正書法によっていた可能性もあったのである。

しかし、現代日本語の表記はそうした原則ではなく、単語のオリジナルの発音をそのまま残して表記するという方を選んだのである。「日本橋」は「日本」と「橋」の組み合わせから作られた言葉であるというオリジナルの音に従って「にほんばし」と「ん」で書くことになっている。

「ん」が連発される訓読

さて、漢語の使用が「ん」の多用を生み出すということについて少し触れておきたい。我々が高校の時に習う漢文訓読は、平安時代後期の口語がもとになっている。

口に出して漢文訓読を行ってみれば、そのリズムやテンポがいかに心地よいかは、平安時代の女流文学を音読した際のなよやかさと比較して感じることである。

帰りなん、いざ。でんえん（田園）まさに蕪《ぶ》せんとす。なん（胡）ぞ帰らざる。既《すで》に自《みづか》ら心を以て形の役と為す。なん（奚）ぞ惆悵《ちうちやう》して独り悲しまん。

高校の教科書で習う中国六朝の詩人、陶淵明の「帰去来辞《ききょらいのじ》」の冒頭であるが、これは、室町時代から明治まで非常に広く読まれた『古文真宝《こぶんしんぽう》』の開巻第一にある文章である。先に引いた『荒五郎発心記』同様、なんと「ん」が多く使用されることであろうか。

漢語を多く使用すれば、それだけ「ん」が文章のなかにも現れる。お経をいかに正確に読むかという格闘同様、漢文を読み込む訓練が、我が国に「ん」を定着させる大きな要因になったのである。

漢文は上古から第二次世界大戦終結まで、日本国では公文書の正式の文体であった。国際関係において、江戸時代までは中国こそが東アジアの文化の中心であった。してみれば、我が国にとって中国との関係を保つことは重要な課題であった。漢文が日本語の中に大きな位置を占めるのは必然である。

先にも触れたが、漢文を訓読することが始まったのは、およそ八世紀末期、最澄や空海が生まれたころの時代である。

奈良時代から平安時代の漢文訓読を伝える資料は、経史子集のすべてに及ぶ。代表的なものを挙げれば、現在、天理図書館に所蔵される『古文孝経』、寛平（八八九〜八九八）年間に、宇多天皇みずから訓読された『周易抄《しゅうえきしょう》』（東山御文庫蔵）、永観二（九八四）年に朝廷に献上された丹波康頼《にわやすより》によってまとめられた医学書『医心方《いしんほう》』、その他、石山寺で読まれた『尚書』『春秋』『史記』『漢書』などである。

また『源氏物語』には多くの漢籍が引用されていることはよく知られているし、『枕草子』（一九七段）は『白氏文集《はくしぶんしゅう》』や『文選《もんぜん》』を、文章を学ぶための書物として挙げている。

さて、説話の類《たぐい》が多く書かれるようになった南北朝、室町期に流行したのが、禅僧や博士家である清原家、また神道の吉田家などの講説によって作られた「抄物《しょうもの》」である。

これは僧侶や先生たちが教壇に立って学生たちを教える時に作った講義録であったり、あるいは学生が先生たちの講義を聴いて作った講義ノートで、多く口語を反映した文章によって綴られている。文章の終わりに「ソ」と書かれているものは、「ソ」と書いてあっても「ゾ」と読むもので、とくに「ゾ式仮名抄」と呼ばれるが、この「ゾ」というのは現代日本語では「だ」あるいは「である」という断定の終助詞である。こうした「ゾ式仮名抄」は応仁の乱（一四六七〜一四七七）が終わった頃から多く作られるようになるが、これは「抄物」が普及して定型化したためであった。

「ゾ式仮名抄」には、「ん」が多用される。

例えば、一五三〇年頃に行われた清原宣賢《のぶかた》の講義を書き取ったとされる『毛詩抄』には「言ってはいけない」という意味で「云《い》ハンソ」、また『論語聞書《ろんごききがき》』には「ナニカアランソ」、『中華若木詩抄』には「謀反ノ兵事ヲヤメント思ソ」などが見える。

こうした講義はもともと専門家による専門家養成のためのものであった。だが、時代が降《くだ》ると分かりやすい言葉と一般の人々にも理解できるような方法で学問を教授するシステムが作られるようになってくる。

五山の僧侶は、多くの寺院で、弟子たちに禅宗の語録や漢籍の講義を行った。また上《うえ》杉憲実《すぎのりざね》（一四一〇〜一四六六）が再興した足利《あしかが》学校では、一般の人々でさえ講義を受けることが許され、漢籍が講ぜられた。これらは、いずれも江戸時代の藩校や寺子屋などの母体になったものである。
室町時代の説話文学と禅僧や博士家による抄物は、江戸の文学や学問を支える重要な転換点であった。

「ふどし」は「ふんどし」

さて、江戸時代に入って、庶民文化の幕を開くように井原西鶴の代表作『好色一代男』が大坂（現・大阪）で出版されたのは、天和二（一六八二）年のことである。
天和と言えば、花の元禄文化がやってくる六年前、関ヶ原の合戦からほぼ八十年、人はようやく訪れた太平の世を満喫しようとしているところであった。
一代男の世之介がみずからの性欲を満足させせんと、ついには女ばかりいるという女護島にまで船を繰り出すという話『好色一代男』の冒頭に「ふどし」という言葉が見える。

ふどしも人を頼まず、帯も、手づから前にむすびてうしろにまはし……

現代語に訳せば「ふんどしをつけるのに人に頼んだりせず、帯も自分で前で結んで後ろに回し……」ということであろう。まだ五歳になったばかりの世之介がいかに身の回りのことを自分で器用にやったかということを説明する下りである。

さて、この「ふどし」という言葉、文章の前後からしてもこれが「ふんどし」を示していることは明らかであろう。『好色一代男』を読むのに多く使われる小学館の『新編古典文学全集』には、注記に「ふんどし」と記されている。

初版の『好色一代男』は、西鶴の俳句の友であった水田（落月庵）西吟の筆である。

さて、西吟は「ふんどし」のことを「ふどし」と呼んでいたから「ふどし」と書いたのだろうか。

読者の方はもはやおわかりだろう。

西鶴は、人が「ふんどし」と読むことを前提にして「ふどし」と書いているのである。「ん」は書いても書かなくても構わない。むしろ、書かずにおいて、読む人の判断で「ん」を入れて読むというのが、平安時代からの伝統的な表記方法だったのである。

江戸の人々の唸り声

江戸時代の文学は、日本の文化と仏教、儒教が渾然《こんぜん》一体となって花開いた。そして、歴史物、好色物、心中物、俳諧、黒本、赤本、黄表紙など数え切れないほどの書物が出版された。こうした書物のなかには口語をそのまま写したものがかなりある。

我々が「んー」と言うところを、江戸時代の人々はどのように書き表しているのだろうか。文献を渉猟《しょうりょう》してみよう。

まず、『狂言記』所載「吟聟《ぎんじむこ》」には、「のふ、こなたは聟《むこ》入を召《め》さるれば分別《ふんべつ》までが上《あ》がつた」とある。

現代語なら「んー」という言い方をここでは「のふ」と記してある。

また『続狂言記』の「暇《いとま》の袋《ふくろ》」などには「なふなふ腹立たや腹立たや」というのが見える。「んー、んー、腹立たしい」という言い方であろう。

『狂言記』は万治三（一六六〇）年、『続狂言記』は元禄十三（一七〇〇）年に印刷されたものである。

さて『続狂言記』とほとんど時代が変わらない享保六（一七二一）年七月六日初演の近松門左衛門『女殺《おんなごろし》 油《あぶらの》 地獄《じごく》』には「ムウ、思ひやりました」と記される。「ムウ、」と書かれるが、おそらく「んー」という音を写そうとしたものである。

また、安永八（一七七九）年初演、近松半二の『伊達《だて》競《くらべ》阿国《おくに》戯場《かぶき》』には「ム、扨《さて》は最前金五郎にいふた様子を」などと見られる。

さらに、享和二（一八〇二）年に出版された十返舎一九『東海道中膝栗毛』には「ムム、十三七ツではたちといふことか」、あるいは「ムウ、お手前としな」などとある。

そして、文化八（一八一一）年に出された式亭三馬『浮世床』には「ウム　こいつァいい。ニヤンとせう」などの表現がある。

卑見ではあるが「ん」や「んー」という書き方は、江戸の戯作文学の中には見つからない。

「ん廻し」という言葉遊び

では、江戸時代に、「ん」がつく言葉を言ったら負けという「しりとり」はあったのだろうか。

じつは、江戸時代に「しりとり」はなかった。だが、江戸の人は、我々現代人が知らない「ん」を使った「ん廻し」という言葉遊びをしていたようである。

寛永五（一六二八）年、大坂で出版された『醒睡笑』の一篇にこの遊びのことが記される。

豆腐二三丁を田楽《でんがく》にせしが、人多《おほ》なり。「いざ、むつかしき三字はねたることをいひて食はん」と議せり。雲林院、根元丹、せんさんびん、さまざまいひつつ取りて、みなになるまま、小児《こちご》たへかねて「茶うすん」といひさまに、二つ三つとりごとは。

豆腐を二、三丁田楽にして、食べようとしたのだが、分けて食べるには、人が多すぎる。そこで「難しい三字の言葉で、〈ん〉と撥ねる言葉を言ったものが食べることにしよう」ということになった。「雲林院《うんりんいん》」「根元丹《こんげんたん》」「煎茶瓶《せんさんびん》」と、みんなが言って、そろそろ田楽がなくなろうとするころ、子供がたまりかねて、「茶臼《ちゃうす》ん」と言って、

田楽を二、三取ってしまった。　　　　　　　　（筆者訳）

平安時代までは書くことさえできなかった「ん」は、それから約六百年後の江戸時代にはこうした遊びに取り入れられるようになるまで、日本語には不可欠の音と表記となって現れてきていた。

江戸時代には印刷・出版という近世を支える大きなメディアがあった。印刷は、写本を書いて個人的あるいは非常に小人数間で書物を配布するのと異なり、未知の読者を想定しなければならないために、言語に規範を与え固定化していくという意識が働く。

江戸中期から明治という時代、日本語が研究の対象となる理由のひとつは、こうした日本語の書き言葉の揺れをいかに規定していくか、どう書くことが正しいのかという仮名遣いの規範を作る意識が現れているからなのである。

第七章　「ん」の謎に挑む

「やごとなし」の大喧嘩

江戸中期に活躍した賀茂真淵《かものまぶち》（一六九七〜一七六九）は、我が国独自の文化、文学を研究する「国学」という学問を最初に提唱した学者である。

彼は八代将軍徳川吉宗の次男、田安宗武に仕えて和学を教え、とくに『万葉集』に詳しかった。『万葉集』の解釈である『万葉考』、また『古事記』『日本書紀』『万葉集』に使われる枕詞を研究した『冠辞考』など多くの著作を残している。

さて、真淵は号を「県居《あがたい》」といったことから、彼の弟子のなかでも特に優秀なひとを「県門の十二大家」と呼ぶ。そのなかに、歌人としても知られ、なかんずく和歌の仮名遣いに非常に造詣《ぞうけい》の深かった村田春海《はるみ》がある。

そして春海の弟子に清水浜臣《はまおみ》、小山田与清《ともきよ》があった。

現在の東京・御茶ノ水駅近くに住んでいた小山田与清は非常に裕福な学者であった。上州、武州から江戸に物資を送るために造られた運河である「見沼通船堀《みぬまつうせんぼり》」の権益を一手に引き受けた「見沼通船方」という家の生まれだったからである。

文化十（一八一三）年の秋、彼は、師・村田春海の三年忌法要に、春海が書いた『竺《つく》志船物語《しぶねものがたり》』という小説を出版する企画を思いつき、これを春海の娘に持ちかけた。

父の作品を出版してくれようとする与清の提案を断る理由は、娘にはない。喜んで彼女は与清にそれを渡した。だが、春海はかつて清水浜臣に「この小説は未完である。第一巻目しかできていない。できればこの先を書いてくれないか」と頼んだことがあったのである。

与清がそれを知っていたかどうかは分からない。だが、平安文学に擬《ぎ》して書かれたこの春海の作品は、平仮名ばかりで書かれて、非常に読みにくい。そこで、与清は平仮名の傍《かたわ》らに小さく漢字を振って読者が理解しやすいようにしようとしたのである。

版下原稿が出来上がり、与清は、春海と親しかった人々に、序文を書いてもらおうとした。浜臣にもこれを頼むのだが、その時に版下原稿を持って行くと、それを見て浜臣は激昂したのである。

もともと、この小説は春海師匠がおのれに託されたもの。話の続きを書くようにと師から話があった。そうしたものを、無断で出すとは何事だ。それに師匠が書かれた本文の傍《かたわ》らに漢字を振るとはこの作品の威厳を損なうものとは思わぬか！　しかも、よくよく見れば……「やんごとなし」と書くべきところを「やごとなし」と「ん」を抜いて書いてある。あぁなんたることか！

浜臣三十七歳、与清はそれより七つ下の弟弟子《おとうとでし》である。

これがもとで彼らは仲違いをし、しまいには取っ組み合いの大喧嘩《おおげんか》までしてしまう。

さて、「ん」を抜いて「やごとなし」と書いた与清は、すでに記した鴨長明のいう「ん」は「捨てて書く」という平安時代の伝統的な表記方法によったのである。

しかし浜臣は「やんごとなし」は「已《や》むことなし」から来た言葉であれば、「ん」を抜くのは間違いという。

結局、文化十一（一八一四）年に出版される『竺志船物語旁註』に浜臣の序文はなく、「やんごとなし」の部分は与清が版下を作った「やごとなし」となったままになっている。

どちらが正しいという判定は誰にもつかない。伝統に従えば与清の方が正しい。それを知らない人が読めば、これは誤りということになろう。伝統は学ばなければ身につかない。しかし、それを万人が知る必要はないし、知ることもできない。ただ、伝統がどこから来たか、それがどういう意味を持っているのかを知ろうとする気持ちは、我々の先祖が耕して来た道を辿《たど》り、根源を知るところに繋がっていく。

史上最大の論争

ところで、『雨月物語《うげつものがたり》』で知られる上田秋成《うえだあきなり》（一七三四〜一八〇九）と本居宣長《もとおりのりなが》（一七三〇〜一八〇一）は、賀茂真淵からすると、とりあえず同門の弟子である。「とりあえず」というのは、秋成の方は真淵の門人である加藤宇万伎《かとううまき》（「美樹《うまき》」とも）の弟子であってみれば、真淵の孫弟子である。しかも秋成は学者というよりやはり浮世草子などを書く戯作者であった。また宣長の方は、真淵とは一度しか会ったことがなく、手紙での遣り取りでの門人である。村田春海など真淵の側にいてその謦咳《けいがい》に接して学問を修めたものからしてみれば、「本筋の弟子」とは認められなかったからである。

さて、この二人は、天明七（一七八七）年、「ん」について国語学史上最大と言われる激しい論争を行っている。宣長の全集に収録される『呵刈葭《かがいか》』は彼らの手紙による応酬である。このなかで秋成は、日本の上代の大和言葉には「ん」という音があったと言うのに対して、宣長は「ん」はなかったとする。

秋成は言う。

『万葉集』に、

見点は〈みてん〉

告兼は〈つげけん〉

行覧〈ゆくらん〉

別南〈わかれなん〉

と、今日「点（テン）」「兼（ケン）」「覧（ラン）」「南（ナン）」など「ン」で読まれる音で書かれているというところからすれば、当然、「ン」という音があったに違いない。

「ん」の誕生以前

『呵刈葭』にみられる宣長の説は、やや分かりにくい。ただ、すでに宣長は、論争の二年前、天明五（一七八五）年、『漢字三音考』という書物で、秋成が問題とする点について、意見を明らかにしている。秋成が宣長に対して質問状を送ったのは、この『漢字三音考』を読んだからである。

さて、秋成の説に対して、本居宣長は『漢字三音考』の「皇国言語ノ事」という記事の中で、次のように言う。

皇国の古言は五十の音を出ず。是れ天地の純粋正雅の音のみを用ひて、混雑不正の

音を厠《まじ》へざるが故也。（判読の便の為に片仮名の原文を平仮名に直した。以下同じ）

なんと、宣長は我が国の上古の音は純粋な五十音だけしかなく、濁音などはなかったと言うのである。そして彼はまた、「鳥獣万物ノ声」の項で次のように言う。

絲《こと》の声はピン、ポン。竹《ふえ》の声はヒイ、フウ、ビイ、ブウ。金の声はチン、チヤン、チヨン、グワン、ボン。革《つづみ》の声は、デン、ドン、カン、ポン。木の声はカツカツ。石の声はコツコツなどと鳴る。万の物の声皆此類にて、長き者は必ず響ありて短き事あたはず。短き者は必急促《つまり》てゆるやかならず。凡《およ》そ鳥獣万物の中に、其声の皇国の五十音の如く単直にして正しき者は、一つもある事なく、皆さまざまと癖ありて、外国人の音是《これ》によく似たるもの也。

これは擬音語や擬態語と呼ばれるもの、つまり琴のピンとかポンとか鳴る音、竹笛がビイ、ブウ、鐘を打つ音がチンチン、ボンボン、鼓を打つ音がデンデン、ドンドン……

こうした音は物が作る音である。そして、我が国の古語には本来こうした濁ったものはなかった。これらは、まるで外国語のようなものなのだと言う。

では、外国語とは、宣長にとってどういうものだったか。

彼は『漢字三音考』の「外国ノ音正シカラザル事」という項目に言う。


外国人の音は、凡《すべ》て朦朧と渾濁《にご》りて、譬へば曇り日の夕暮《ゆふぐれ》の天《そら》を瞻《み》るが如し。（中略）是れ鳥獣万物の声に近き者にして、皆不正の音也。


宣長は様々な著作のなかで、清音と濁音が「正」と「不正」という対立で存在すると記している。我が国の言語は本来「正」つまり清音だけで作られていた。これに対して外国語は「不正」、つまり濁った音がたくさんある。宣長にとっての「不正」は濁音だけを言うのではない。

『漢字三音考』には、「ン」という音について、次のように記されている。

外国には、韻をンとはぬる音殊に多し。ンは全く鼻より出る声にして、口の音に非ず。故に余の諸の音は、口を全く閉ては出ざるに、此ンの音のみは、口を緊《きびし》く閉ても出る也。されば皇国の五十連音の五位十行の列に入らずして、縦にも横にも相通ふ音なく、ただ孤《ひと》り立ちなり。然るに外国人の音は、凡て渾濁《くもり》て多く鼻に触るる中に、殊に此ンの韻の多きは、物言《ものいふ》に口のみならず鼻の声をも厠《まじへ》借る者にして、其不正なること明らけし。皇国の古言には、ンの声を用る者一つもあることなし。

つまり、宣長は、上代の日本語には「ん」がなかったと言うのである。

礪波今道の説だった

さて、「ん」が上代日本語に存在したという説は『呵刈葭』の中に秋成自身の説のように見えているが、じつはこのすべてが秋成自身の国語学的研究によるものではなく、彼の友人であった礪波今道《となみいまみち》（『呵刈葭』の中では「今路」とも）の説によることが明らかになったのは、つい最近のことである。

国語学者・松井簡治（一八六三〜一九四五）が所蔵していた本のなかに礪波が残した『喉音用字考《こうおんようじこう》』という書物が残されている。その序文によれば、この本はすでに二人の論争が行われる十年前、安永六（一七七七）年十一月に書かれたこと、また礪波が現在の富山県小矢部市周辺の出身で、当時大坂にいたことが分かっている。おそらく、秋成が礪波と知り合ったのは、この頃だったのだろう。

礪波の『喉音用字考』は「ん」について、平安時代前期、承平年間（九三一〜九三八）に書かれた源 順《したごう》『和名類聚抄《わみょうるいじゅうしょう》』に掲載された地名の用例から、上代には少なくとも二種類の音の違いがあったことを証明しようとしたものである。

雲梯——ウナ・テ
遠敷——ヲニ・フ
乙訓——オト・クニ
紫苑——シ・ヲニ
半挿——ハニ・サウ

半月——ハニ・ハリ

の類と、

夷濤——イ・シミ
伊参——イ・サミ
伊甘——イ・カム
奄藝——アム・キ
甘楽——カム・ラ
志深——シ・シミ
印南——イ・ナミ
塩屋——アム・ヤ

の類の違いについてである。

「雲」「遠」「訓」以下の類はどれもナ行の「ナ」か「ニ」で訓が振られているのに対し、「濤」「参」「甘」以下はマ行の「ム」や「ミ」という区別がある。

これは、前者の類が「舌内撥音」、後者の類が「唇内撥音」、すなわちすでに先に述べた「―n」で終わる鼻音と「―m」で終わる鼻音との違いである。

秋成はこうした礪波のいう例を挙げて、「雲梯」は「ウンテ」と読まれたのが連声の変化を起こして「ウナテ」となったり、「遠敷」は「ヲンフ」であったのが「ヲニフ」と変化したものだとすれば、「ン」がなかったとは言えないではないかと言うのである。

また「―ム」や「―ミ」になっている唇内撥音については、すでに江戸時代は、現代日本語と同じように、「ン」という文字が使われて、「感」を「カム」と書いたり「南」を「ナミ」と書き分けるようなことはなく、どちらも「ン」を使って「カン」や「ナン」と書かれていた。秋成は「ム」という音も「ン」と同じものだと言う。

これに対して、宣長は、上代の日本人がこうした仮名遣いの区別をしているのは、同じ鼻音と言っても、発音する人によっていろいろな響きに聞こえる場合があるためであって、ほんらい我が国の言葉には「ン」などという音はなかったのだと言う。

しかし、これでは秋成が納得するはずがない。

本居宣長の研究推進

さて、いったいどちらが正しいのだろうか。

「唇内撥音」の例について、宣長は次のように説明している。

「行かん」はもと「行かむ」であった。また「帰らん」は「帰らむ」であった。それは万葉仮名が一字一音に当てて書かれている『古事記』に「牟」が「む」に使われて「ん」に使われた例がないこと、また「三郎」を「さぶろう」「さんろう」、「南無阿彌陀仏」を「なんまみだ」「なまいだ」と発音するのは中古以来音便によって音がくずれたにすぎないという。

これに対して秋成は「規矩を正してうまく計らんに事紛るべからず（定規、コンパスを正しく使う必要があるだろう）」などと難詰《なんきつ》するような手紙を書く。

宣長は、まだこの当時、漢字音についての考察をさほど詳しく行っていなかった。そのためか、漢字音に唇内撥音「—m」と舌内撥音の「—n」の二種類があるという礪波の発見を認めることができなかった。

この点は、さすがの宣長にも落度がある。

しかし、宣長はこの論争の十三年後、寛成十二（一八〇〇）年に『地名字音転用例』を刊行する。宣長は秋成との論争によってさらに上代日本語における漢字音の研究の必要を思ったのであろう。宣長は『地名字音転用例』で、漢字音が本来持っているものとは異なった読み方で地名に当てられた例を『古事記』『日本書紀』『万葉集』『風土記』『和名類聚抄』などから集めてその表記を検証しようとした。

「ン」がマ行に転用する例――伊参（イサマ）、男信（ナマシナ）
（これは唇内撥音―mで終わる漢字音）
「ン」がナ行に転用する例――丹波（タニハ）、乙訓（オトクニ）
「ン」がラ行に転用する例――播磨（ハリマ）、平群（ヘグリ）
（これらは舌内撥音―nで終わる漢字音）

しかし、残念なことに、宣長は、例を挙げるだけで、こうした音の変化がなぜ起こったのかを説明することができなかったし、唇内撥音と舌内撥音の区別にも気がつかなかった。

『男信』という名著

さて、用例を挙げるに留まった宣長に対し、上代日本語の音韻変化にさらに注意を喚起し、研究を行ったのは、東条義門《とうじょうぎもん》であった。

義門は、その名著『男信《なましな》』のなかで、宣長の『地名字音転用例』を批判して「妄《みだ》りなりかし（間違いであろう）」と断じている。

東条義門は、天明六（一七八六）年に、若狭国小浜（現・福井県小浜市）の浄土真宗大谷派妙玄寺の三男として生まれ、二十三歳でこの寺を継いだお坊さんである。

宣長の業績を批判して『詞のやちまた疑問』『玉能緒繰分』などを著しているが、彼が行った日本語の研究は、宣長が皇国主義的な立場であったのに比べて非常に客観的である。国語学史上では近世国語学を樹立したことで著名であるが、彼の研究は、ひとえに天台宗に淵源をもつ浄土真宗という日本の民衆とともに育ってきた宗教に根ざしている。

『男信』は、彼が二十歳のころ京都の東本願寺にあった高倉学寮（現「大谷大学」の前身）で学んでいるときに感じた疑問の解決だったと言われている。

浄土真宗では信心という言葉をよく使う。〈信〉は〈シン〉、〈心〉は〈シム〉と古書には振り仮名がされるが、「シンジン」とどちらも「ン」で発音される。この〈ン〉と〈ム〉の違いはいったいなんなのだろうか。

『男信』という書のタイトルは、『和名類聚抄』に載せられている上野国利根郡の郷名（現・群馬県利根郡）、「男信」の「男」と「信」が、それぞれ「唇内撥音―m」の「ナマ」、「舌内撥音―n」の「シナ」の二種類を表しているところから名づけられた。

義門は『古事記』『日本書紀』『万葉集』などから、音韻変化が起こる以前の用例を挙げて分類する。

例えば——、

アンの発音で書き表される漢字で漢音・呉音に共通のもの——安、鞍、按、案

漢音でアン、呉音ではエンと発音されるもの——軋、晏、鴳、鷃

アムの発音で書き表される漢音の漢字——暗、闇、庵

など、ありとあらゆる「ン」で終わる漢字を取り上げている。

大局的ではないが、例証を探すだけの作業であれば、すでに宣長によっても行われている。しかし、義門の研究はここが出発点である。彼は次に「舌内鼻音—n」と「唇内鼻音—m」の二つの区別がそれぞれどのように変化するのかを考察する。これはすでに礪波今道によって指摘されていることであるが、礪波の業績を義門は知らなかったに違いない。

例えば、「—ン（舌内撥音—n）」と表記されたり発音されたりする韻尾は、

信濃——シン・ノウ→シナノ

遠敷——ヲン・フ→ヲニフ
乙訓——オツ・クン→オトクニ
讃岐——サン・キ→サヌキ

などナ行に変化すること。また、

讃良——サン・ラ→サララ
播磨——ハン・マ→ハリマ
群馬——グン・マ→クルマ
件——クダンをクダリと読む

など、ラ行にも変化していること。

これに対して、「—ム（唇内撥音—m）」の方は、

男信——ナム・シン→ナマシナ
安曇——アン・ドム→アヅミ
至心——シ・シム→シシモ

また、

三郎——サム・ロウ→サブロウ

などとする例を挙げている。そして、これらの音の変化が、それぞれ中国唐代の漢字音を示した『広韻』や『韻鏡』と合致することを証明するのである。「舌内撥音—n」と「唇内撥音—m」の違いを証明することができなかった宣長の研究は、東条義門が二種類の撥音の違いを示すことによって、さらなる「ん」の解明へと導かれた。

関政方による「ん」の研究

ところで、天保十三（一八四二）年の『男信』の刊行に先立つ天保五（一八三四）、六（一八三五）年、関政方《まさみち》は、義門とはまったく別の視点から「ん」についての考察を行った『傭字例《ようじれい》』という書物を刊行した。主に漢字音を中心に研究を行った義門の研究に対して、関の場合は上代の日本語を中心に研究を行っている。

彼は、『傭字例』で次のようなことを言っている。

蝉は、「セミセミ」という鳴き声をするから「セミ」という名前で呼ばれるようになったのだろうか。本居宣長の『玉勝間《たまかつま》』には、「その理由はもとより分かるはずがない」と書いてある。しかし、これが蝉の鳴き声によったことは明らかであろう。「蝉」という漢字は、万葉集には「打蝉《うつせみ》」「空蝉《うつせみ》」「欝蝉《うつせみ》」などと書かれているが、またこれは新撰字鏡（八九八〜九〇一の間に成立）には、「世比（セビ）」と記されている。これがいつしか「セミ」と変化したのである。（筆者訳）

義門が浄土真宗のお経を読みながら「信心」という漢字音の変化を疑問に感じて研究

をはじめたのに対して、関は「なぜ、蟬はセミなのか？」という疑問から研究の第一歩を進めたのである。「セミセミ」と鳴いたから「蟬」と名づけたか、それとも「蟬」の漢音「セム」が「セミ」となったかは、語源史の上ではいまだに明らかにされていない。

しかし、関は「セミ」からはじめて、「ん」という上代の撥音について、主に『万葉集』をひもときながら研究した。彼の研究がおもしろいのは、義門とはまったく異なった角度から行われたにもかかわらず、結果として同じ結論を得たことである。

関は、『韻鏡』を使って「ン（舌内撥音―n）」、「ム（唇内撥音―m）」の違いを明らかにする。

『韻鏡』とは、第二章で示した『切韻』の細かい音の違いを調べるために必要な書物である。『韻鏡』は一つの図の縦軸に韻（音の響き）を置き、横軸に「唇音」「舌音」「牙音」「歯音」「喉音」など頭子音が発音される部分を配置して、音を導き出すことを分かりやすく説明したものである。

全部で四十三図あって、これで唐代のすべての漢字の発音が分かるようにしてある。そして、よくよく見ると、韻の種類に応じて纏《まと》められた図は、変化する口内の調音点に合わせたようになっているのである。

関は、韻鏡十七転より二十四転までの字韻はすべて〈ン〉（舌内撥音―n）と書かれる漢字が集められ、決して〈ム〉と書かれるものは集められることがなく、また韻鏡第三十八転から四十転に収められた字はすべて〈ム〉（唇内撥音―m）で〈ン〉で書かれるものは集められていないという発見をしたのである。

これによって彼は、上代に漢字の音が日本語に写される時に、少なくとも二種類の書き分けがあったことを明らかにする。

関の『傭字例』は、義門の目にも触れ、二人は親しく交わるようになったという。天保十五（一八四四）年、関は『男信質疑』という書物を書く。これは、前年に亡くなった義門の死を追悼しつつ、義門の『男信』に出された十七ヶ所の疑問について自説を述べたものであった。こうして「ン」が上代日本語ではどのように書かれていたのかということは次第に明らかになっていく。

義門と関の立論、結果が正しいことを明らかにしたのは、本居宣長の系統を引く黒川春村（一七九九〜一八六六）の弟子、白井《しらい》寛陰《ひろかげ》であった。

白井の経歴はよくわかっていないが、彼が著した『音韻仮字用例《おんいんかなづかい》』という書物は、万延元（一八六〇）年に浅草の松崎半造という書肆《しょし》から出版された。

松崎の広告はこの書を次のように宣伝する。

この書は、『万葉集』の仮字や借字、『古今和歌集』の「物名」、和歌などを徴証として『韻鏡』の規則を用い、宣長の『字音仮字用格』の誤りを細部にわたって検証したものである。宣長がわずか一千七百余りの字を用例として挙げているのに対し、この書はなんと一万一千二百字の用例を挙げ、なおかつそれを漢音や呉音、直音や拗音などに分類して説明する。我が国の古代の書物を読むために必携、また音韻学を志す初学者の参考書にもなるものである。（筆者訳）

なるほど、この書物に引かれた古書の用例は、膨大である。白井は『音韻仮字用例』の「附説」に次のように記している。

宣長によって『字音仮字用格』が著された。もとよりこれは非常に重要な書物ではあるが、宣長は現在「ン」で記される撥音は、上代の日本語ではすべて「む」であったと言う。この宣長の誤りを質したのは東条義門であって、彼の説が正しいことは『韻鏡』などによって確かめられた。（筆者訳）

白井は宣長以下義門、関の説を検討し、さらに多くの古書に例証を求め、悉曇はもとより朝鮮漢字音をも利用して撥音について考証した。彼の研究によって、「ん（ン）」と書かれるものは、上代日本語にはじつは「舌内撥音—n」、「唇内撥音—m」、「喉内撥音—ŋ」の三種類の撥音があったことがようやく明らかにされたのである。

もし、宣長や義門らがローマ字を使って日本語の研究をしていたとしたら、彼らはもっと簡単に、もっと正確に我が国上代の「ん（ン）」の音相を確かめることができたに違いない。しかし、いずれにしても江戸時代の学問のレベルは驚くほど高かった。明治以降に行われてくるより実証的な研究は、じつに江戸時代の成果に負うものなのである。

第八章　「ん」の文字はどこから現れたか

大矢透博士の研究

〈カタカナ〉の「ア」は「阿」の阜偏《こざとへん》に由来し、〈ひらがな〉の「を」は「遠」の草書体から作られたなど、それぞれの仮名文字の来源は小学校でも少しだけ教えられる。

江戸時代にもすでに、仮名がどのようにして作られたかという研究は行われていた。しかし、仮名の源流とその変遷についての研究が実証的方法で行われたのは、明治四十四（一九一一）年、大矢透（一八五〇〜一九二八）博士によって編纂された『仮名源流考及証本写真《かなげんりゅうこうおよびしょうほんしゃしん》』によってであった。

大矢氏は、新潟の出身で、茨城県師範学校の国語教員であったが、明治三十六（一九〇三）年、五十四歳にして国語学の研究に目覚め、四年後に本居宣長の『古言衣延弁《こげんええべん》』という書物を研究した『古言衣延弁証補』を著し、異例の抜擢人事で明治四十二（一九〇九）年、文部省国語調査委員会委員に任命された。

それから昭和三（一九二八）年、七十九歳で亡くなるまで日本語の古訓や音韻研究の基礎となる偉大な業績を次々に発表した。

さて、大矢氏は、『仮名源流考及証本写真』や『仮名遣及仮名字体沿革史料』（一九〇九）を編集するためにおよそ二年にわたって全国の古刹《こさつ》に所蔵される奈良・平安時代の古写本を渉猟《しょうりょう》した。そして、訓点資料などから、〈ひらがな〉や〈カタカナ〉がそれぞれの時代にどのように書かれてきたかというサンプルを収集し、写真におさめたのである。

大矢氏によってはじめられた奈良、平安時代の古写本では日本語がどのように使われているのかという調査は、その後、春日政治、遠藤嘉基、中田祝夫、築島裕博士などによって続けられ、奈良、平安時代の日本語の姿が明らかにされるようになったのである。

〈カタカナ〉の「ン」の謎

さて、こうした研究の結果、現在のところ、「ン」という〈カタカナ〉が使われたもっとも古い写本は、前出の龍光院に所蔵される、康平元（一〇五八）年の『法華経』だとされている。

すでに第二章で示したように、それ以前に書かれた古訓点資料では、ほとんど「唇内撥音—m」には「ム」、「舌内撥音—n」には「ニ」、「喉内撥音—ŋ」には「イ」が使われていた。「ン」という〈カタカナ〉がなかったからである。

とは言え、一〇五八年に「ン」が使われたからと言っても、これがすぐに普及したかといえばそのようなことはない。

例えば、承暦三（一〇七九）年の『金光明最勝王経音義』では、「レ」が「—ŋ」と、「丶」が「—n」と示されている。さらに石山寺に所蔵される長保四（一〇〇二）年の点本『法華義疏』では、「ン」は、「く」「乀」「ㄑ」「レ」のようにも記されている。

そして、一一〇〇年頃からは、「ン」が使われるようになっていったようである。『源氏物語』が書かれてから百年が過ぎ、平安時代も末期を迎える頃である。

ところで、一般には、この「ン」という文字は、撥ねを示すための記号である「レ」が、〈カタカナ〉の「レ」と混同されないように区別されて作られた文字だと言われている。

ところが、江戸時代、六代将軍徳川家宣の侍講《じこう》であった新井白石（一六五七～一七二五）は、これに対して興味深い説を残している。

白石は『折たく柴の記』の著書でも知られるが、博学の人でふしぎなほどに興味深い様々な書物を残した学者であった。徳川家宣の命によって正徳五（一七一五）年に書かれ、宝暦十（一七六〇）年に刊行された『同文通考《どうぶんつうこう》』という漢字や日本語の歴史に関する書物に、彼の「ン」の来源説が載せてある。

このなかで、彼は〈カタカナ〉と〈ひらがな〉の成り立ちについて触れ、〈カタカナ〉の「ン」は梵字《ぼんじ》から生まれてきたものだというのである。

梵字とは、これまで縷々《るる》述べてきたサンスクリット語を起源とする言語の表記で、現在でも真言宗のお墓などで卒塔婆《そとば》などに記されているものである。

白石は「ン」という形は、梵字で使用される「・」である「音が撥ねる」ことを意味する「空点」と、荘厳点といって空点があるものに付ける「◡」が組み合わさってできた記号だと言うのである。

例えば、梵字で「ア」の音は「𑖀」と書かれる。この上に空点と荘厳点をつけて「𑖀𑖽」と書くと、「アン」という発音の文字になる。

白石は、「ン」の文字はこの空点と荘厳点によって作られたと考えたのである。

この白石の説は、必ずしも間違ってはいないかもしれない。現在残っている「ン」と書いた資料は、いずれも石山寺や東寺など、当時サンスクリット語の研究が盛んに行われていたところからたくさん現れてくるのである。

しかし、やはり「ン」は、撥ねる音を示すための記号を書こうとして、いろいろと試された形であった結果「レ」から「ン」の形に定着したと考えた方が常識的であろう。

〈ひらがな〉の「ん」の初出

漢文で書かれた仏教経典や儒教の経書《けいしょ》を読むための訓読は、口語をそのまま写そうとして書かれたものである。したがってこれらの資料には多くの撥音が現れ〈カタカナ〉

の「ン」もすぐに見つかる。しかし、〈ひらがな〉の「ん」となると、これとはやや事情が異なる。

〈ひらがな〉での「ん」の使用は元永三（一一二〇）年に書写された元永本《げんえいぼん》『古今和歌集』が初出であると言われている。

ただ、「ん」という形の文字が使われていることと、これを現代我々が使うように「ん」と発音していたかどうかは、まったく別の問題なのである。

例えば、和歌では推量の助動詞の「らむ」とか「なむ」「けむ」などが多く使われるが、元永本では多く「らん」「なん」「けん」と書かれている。

しかし、ここで書かれた「ん」が、我々が「じゃんけん」とか「けんか」とかを発音しているのと同じような「ん」の音だったという保証はない。

なぜなら、同じ元永本でも「らむ」や「なむ」と書かれた例があるからである。

また、四九八番の「吾が宿の梅の」の歌は、「わがやとのんめの」と書かれ、六五〇番「名取川瀬々の埋もれ木」の「埋もれ木」は「んもれ木」と書かれている（傍点筆者）。

もちろん、これらは現代的な表記からすれば「むめ」「むもれぎ」と書いたものである。

こうした例は平安末期の元暦年間に書かれたいわゆる元暦校本『万葉集』などにも多く見られる。それならば、『古今和歌集』『土佐日記』『万葉集』などに書かれている「ん」は、今でも和歌の世界では「らん」「けん」「なん」は「ん」と書いても「む」に近い発音をするのと同じように、どちらかと言えば「む」に近い「ん」で発音されていたと考えるべきであろう。

しかし、〈ひらがな〉で説話などが書かれる平安末期頃からは、明覚の『悉曇要訣』などの資料から撥音化が急激に多くなり、「ん」と書いて「ん」と読むようになって来たものと考えられる。『保元物語』『平治物語』『平家物語』など軍記物における〈ひらがな〉の「ん」の本格的な登場の時代に移ってくるのである。

空海の「吽」という世界

ところで、筆者は先に空海が『吽字義』という書物を書き、そのなかで「吽」という真言は、人間という有限の存在が、永遠の絶対界を貫く神や仏という至極の理念と修行の極位を明らかにするものである、と説いていると記した。「吽」は空海が目指した悟りの世界を一言で言い表したものである。

そして同時に「吽」は曼荼羅でいう「金剛界」、すなわち「阿」で象徴される「胎蔵界」から発した宇宙の繁栄が、再び種子となって凝縮する様を表すものであるという。ところで、我々が習う五十音図は「ア」からはじまって「ン」で終わる図である。はたしてこれは空海が言う「阿」と「吽」と一致する。これは偶然なのだろうか。

空海の時代、まだ「ン」を表すための〈ひらがな〉や〈カタカナ〉は存在していなかった。万葉仮名としてもこれを表す漢字はない。当時どうしても「ン」を表そうとすれば「喉内撥音―ŋ」「舌内撥音―n」「唇内撥音―m」の撥音を「イ」「ニ」「ム」で表した記号を使わなければならなかった。しかし、これでは「i」「n・i」「mu」のように読まれてしまう可能性がある。

それに空海は『吽字義』で具体的な音を表そうとしているわけではない。もっと深い宗教性と密教の独自性を主張しようとしているのである。天和二（一六八二）年に出された浄厳《じょうごん》（一六三九〜一七〇二）の『悉曇三密鈔《しったんさんみつしょう》』には「阿は口を開いたときに出る音」「吽は口を閉じた時に出る音」と記されるが、「吽」は胸郭の振動によって喉の奥から出て一部は鼻に抜け、一部は舌を通って両唇で止まる「ん」とも「む」ともつかない音なのである。これは言ってみれば「喉内撥音—ŋ」「舌内撥音—n」「唇内撥音—m」のすべての要素を含んだ音と言えよう。

さて、「吽」という字は「牟」と似ていると思うのは、筆者が古写本などを専門に扱っているからだろうか。

「吽」は「口」偏が左側につき、「牟」は、「ム」が「牛」の上部についている。

これは、現在でこそまったく異なったものとされるが、中国唐代、あるいは日本の室町時代頃までの古写本では「異体字」あるいは「別体字」といって「口」と「ム」は共通して使われていた。

例えば「呪」の口偏は「ム」と書かれたものがたくさんあるし、「沿」という字の口も「ム」と書かれるなど、こうした例は挙げればきりがない。

もちろん「吽」字も写本のなかには「𠂤牛」と書いてあるものもある。空海やその当時の人々は、「吽」と「牟」の漢字を、まったく同じようなものとして認識していたのでではなかっただろうか。

「牟」は、万葉仮名の中で「无」同様、「ム」という音を表すために使われる。空海が生きた八〇〇年頃、和語の伝統のなかでは「ン」はなく「ム」の音が守られていたが、漢語では次第に「喉内撥音—ŋ」「舌内撥音—n」「唇内撥音—m」を区別して発音することが薄れはじめていた時代でもあった。〈カタカナ〉や〈ひらがな〉ができる前段階で使われた略体仮名（草仮名）は、「む（ム）」と「ん（ン）」の区別がつかない。

後にサンスクリット語を研究した安然や明覚が三種類の撥音を、まったくとらえどころのない幻のようなものという意味で「大空の音」と呼んだのも理由のないことではなかった。あるいは空海は、後に「ん」や「ン」で書かれる文字を、発明しようとしていたのではないか。「吽」という字は、『広韻』では「ギュウ」の発音だけが載せられ「ウン」という音は掲載されていない。しかも、文字としても「吽」が文章で使われた文献はひとつも見つかっていないのである。

第九章　明治以降の「ん」研究

露伴の『音幻論』

『五重塔』などの小説で知られる幸田露伴《ろはん》（一八六七〜一九四七）に「ン」と題する文章がある。昭和二十二年に『音幻論』と題した単行本に収録されたが、もともとは昭和十九年に「三田文学」に掲載されたものである。

昭和十九（一九四四）年、露伴は七十七歳になっていた。

『音幻論』の序文によれば、彼は長い間、国語について言語学者が論じているのとは別の考えで、純粋に音の上から言語の問題を論じたいと考えていたという。しかし、第二次世界大戦勃発とともに露伴は次第に弱っていく。そのうえ白内障を病んで、辞書を引くことも煩《わずら》わしかった。自分ひとりでは起きられなくなった身体を介抱したのは娘の文《あや》と、露伴の伝記『幸田露伴』を書いた中央公論の編集者・土橋利彦（筆名、塩谷賛）であった。この『音幻論』のもととなった原稿も、すべて土橋に行った口述筆記である。

露伴は「ンといふ文字は何と読むのか私には分らない」と記している。「字源をいへば牟の字から出て、それの下が省かれたムがンの字であるといふが、さすればンは即ちムであつて撥ねる音ではなく止《とどま》る音であるわけだが、今日実際に人々がンの字を用ゐてゐる所を見ると撥ねる音にもこの字を用ゐてゐる」

日本の古典に詳しく、若い頃、東亜堂という出版社から『日本文芸叢書《そうしょ》』で多くの古典を翻刻するなど、日本や中国の古書にも非常に詳しかった。

あるいは、白内障と病軀《びょうく》、老化のせいで、「ム」と「ン」の違いがすでに江戸時代に証明されていたことを忘れてしまっていたのであろうか。

露伴はこう記す。

「マ行すなはちm系のものかナ行すなはちn系のものかどちらとも言へば言へる不明

瞭なもので、また一字単独する場合にはウンといふやうに読み来つてもゐて随分困つた字であり、我が国で古くこの字を用ゐたといふことはこれ亦《また》最先例を挙ぐるに困難な位のものである」

こうして、彼は『古今集』を引いて「ン」が「ニ」「ム」「ン」「ウ」とも書かれていたということに触れ、これらすべての音の性質を兼ねているものだと考え、「このンの音は邦人の発音するものの内で頗《すこぶ》る幻性を有してゐるもので且《かつ》異様な性質をもつてゐるものである」と述べるのである。

露伴はさらに「ン」は、「口を閉ぢ口腔運動をしないで唯僅かに鼻腔から内息を漏すだけで、このンを発音することができる。これは元来何といふ仮名文字で表していいものであらうか、寧《むし》ろ仮名文字では表せないものだと言つてよからうが、しかし牟から出たといふムの変体のンの字がこの音を代表してゐるのである」という。

ところで、露伴はこうした不確定な「ン」の音が「言語を変化させたり混乱させたりしてゐる」と指摘する。

例えば――として、彼は「自動車」を方言でどう発音するかという問題を挙げている。

「自動車をズンドーシャと発音すると言つて甲の地方の人は乙の地方の人を嗤《わら》ふけれども、さう発音させるべき理由があつて而してさう発音されるに至つたものだとすれば、左程に強《しひ》て論ずるにも当らないこととならう。ンはウとムとの合成の如く中間の如く包容の如く又独特のものの如くで甚だ明示し難いものであるが、これも亦《また》一種の本具音であると見得る。ズンドーシャのズはその地方の人のジの音の変化である。それに随《つ》いて来るンはジの音のあとに出て来る音ではない。次のドの音の本具音であると言つては少し言ひ過ぎるかも知れないが、ンドであると称して差支なからう。ジがズになつたズの音の永続性は余り無く、ズの韻《いん》に母音のウが出て来る、このウが次のドの本具音と言つてもよろしい。そこで自動車がズンドーシャと聞えるやうになるのは、元来内気を外気に投出すのに勇敢なる能はざる寒冷の地方の人の口腔を開かずして鼻腔より発音する習慣がかくの如き結果を齎《もたら》したのであらう。かういふ理合《りあひ》で言語は変化して行くのである」

露伴の言うところは、この「ン」が発生することによって言語に変化が起こること、また寒冷の地では口を開くことを避けるために鼻音である「ン」が発生しやすいということである。若くして北海道へ渡り、約半年をかけて徒歩で東京まで帰ってきた露伴には、山形県出身の漆山又四郎（一八七三〜一九四八）という弟子もあった。露伴は「ン」という音が我が国でも東北地方の言語には特に多く使用され、言語の変化に大きな影響を与えているとして、言語学者がこの音にあまり注意を向けていないことを指摘する。

有坂秀世という天才

『音幻論』を書いた頃の露伴は、すでに老いて、おそらく言語学者の論文などに目を通す力もなかった。じつは当時、有坂秀世《ありさかひでよ》（一九〇八〜一九五二）という言語学の分野では天才とされた人物が、微に入り細を穿《うが》って上代の「ん」の問題を解決していたのである。有坂博士は、国語音韻史の分野で偉業を成し遂げた橋本進吉博士の弟子である。

博士は「神《かみ》」という言葉の変化を取り上げてそれを論じる。

例えば、「神館」という言葉があるが、これは「かんだち」と発音される。同様の例としては「神習《かんならい》」、あるいは「神無月《かんなづき》」、「神奈備《かんなび》」「神嘗《かんなめ》または〈かんにえ〉〈かんなべ〉」「随神《かんながら》」という言葉もある。

本来「かみ」と発音される言葉が、なぜ他の言葉とくっつくと「ん」という発音に変化するのか、またこうしたことが起こったのはいつ頃だったのかと有坂博士は問うたのである。「神」という言葉は、『古事記』『日本書紀』には「加微」「迦微」という万葉仮名で書き表され、『万葉集』では「可未」「加未」と書かれている。

そしてこれらの下に他の言葉がつく場合にはこの「微」及び「未」が、すべて「牟」「無」という漢字に置き換わってしまう。

「加牟加是」（神風《かむかぜ》）
「加牟菩岐」（神寿《かむほ》ぎ）
「歌牟鵞可梨」（神懸《かむが》かり）

「可無奈何良」(神《かむ》ながら)

ところが、同じように「かみ」と発音される言葉でも「髪」や「上」の場合には、こうした「み」から「む」という変化はまったくおこっていない。

この理由のひとつは、「神」という字の「み」の部分は、万葉仮名では、上代特殊仮名遣いの乙類である「微」あるいは「未」で書かれるのに対して、「髪(上)」の「み」は甲類の「美」や「三」と書かれ、これらは決して混同されることがないという現象から考えることができるというのである。

音韻の微細な違いを縷々《るる》述べて、例証を博引する有坂博士の説をここで詳しく紹介することはできないから簡単に説明しておこう。

『古事記』や『日本書紀』などが書かれた漢字の音を『広韻』で調べてみるとそれぞれ、

美は、無鄙切 mrui

微は、無非切 mruai

と発音されていたことが分かる。

カタカナで分かりやすく（必ずしも正確とは言えない）これらを表すと、美は、「ミウイ」、微は「ミウアイ」となるが、このわずかな「ə（ア）」の有無によって、二つの漢字はまったく違った音をもったものとして耳に聞こえてくる。

してみれば、この違いが、すなわち、上代の日本語における「神」と「髪（上）」のふたつの性格の違いにも反映しているというのが有坂博士の論じるところである。

当時の発音を正確に再現することはもちろん不可能であるが、「上」は「カ・ミウイ」と、唇を横にグィーと引っ張って横一本になるような形で「ミー」という音が出るように発音されていたものと考えられる。

これに対して、「神」は「カ・ミウアイ」と、少し口を丸めなければならない。極端な言い方をすれば、「カ・ミウアイ」は「カ・ムアイ」というような音になる。

このことを、博士は平安時代中期の『琴歌譜《きんかふ》』という、琴にあわせて歌う曲の歌詞の発音の仕方を書いた書物を引いて証明する。

「神祝《かむほお》き狂《くる》ほし」と歌う曲には次のような万葉仮名の発音表記がされている。
「可无宇保於於吉久宇流保之」

これによれば、この「神」は「可无宇（カムゥー）」と「ウ」の部分を長くひっぱりながら発音されていたようである。

国語学の世界では、「美」と書く方を「甲類のミ」、「微」と書く方を「乙類のミ」と呼んで区別することになっている。つまり、この「甲類のミ」で書かれる「上」の場合は「か」を発音した後に、「ミ」の音を口を横に引っ張って発音したのに対して、「乙類のミ」で発音される「神」は、どちらかといえば「カム」と発音するのに近い形で「カミ」と口を丸めて発音していたということになる。だからこそ、「加牟加是」（神風《かむかぜ》）、「加牟菩岐」（神寿《かむほ》ぎ）、「歌牟鵞可梨」（神懸《かむが》かり）、「可無奈何良」（神《かむ》ながら）など、「神」の次に「か」「ほ」「な」などの口が丸まった形で発音されるような言葉が続く場合には、よけいにこの「カミ」「ミ」の発音には口が開いて、「カム」というような音になってしまうのである。

平安時代、承平年間（九三一〜九三八）に源順が編纂した『和名類聚抄』には、地名

として、

備前国の郡名「上道」を「加無豆美知（かむつみち）」
対馬の郡名「上県」を「加無津阿加多（かむつあかた）」
豊前国の郡名「上毛」を「加牟豆美介（かむつみけ）」
筑後国の郡名「上妻」を「加牟豆万（かむつま）」

と記されている。

おそらく、この頃——つまり、平安時代中期頃までには、「髪」や「上」も「神」同様、発音の変化によって「カム」と発音されるようになっていたことが確認できる。

しかし、はたしてこの「ム」がいつ「ン」になったのかは、不明である、と有坂博士は述べる。

ただ、『万葉集』の時代に「おみな」と発音されていた「媼」が『和名類聚抄』では「於無奈（おむな）」と記されているにもかかわらず、同じく承平五（九三五）年頃に成立したとされる紀貫之の『土佐日記』には「をんな」と書かれていることからすれば、一部ではすでにこうした「ム」から「ン」へという音便による音の変化が始まっていたようであると推論される。

また助動詞の類では、現在発見されている文献では、平安後期に書かれたとされる龍光院本『法華経』に「ム」が「喪《ほろ》ひン」とか、また知恩院本の『成唯識論』に「名ヲ為善トイヒナン」などというのが見える。それならば、「む」から「ん」への変化は、平安中期から後期にかけて続々と起こって行ったと考えられるのである。有坂博士の研究は『広韻』による音韻の僅かな違いを参照することで、より詳細な古代日本語の音韻変化と、「ン」の発生時期を特定することに成功した画期的なものだったのである。

十種類の「ン」

三重県に生まれ、東京大学名誉教授で第十三回国際言語学者会議の議長を務めた服部《はっとり》四郎《しろう》（一九〇八〜一九九五）という言語学者は、日本語の起源論やモンゴル語などの研究で偉大な業績を残したひとであったが、ある学者に言わせると、博士は五百年に一度現れるか現れないかとも思われるほど優秀な耳をもっていて、ひとの発音の聞き分けを正確に書き分けることができたという。

その服部四郎博士に、「『ン』について」という論文がある。

博士は、このなかで、「雁（ガン）」と「頑固（ガンコ）」の「ン」の発音の違い、また、「パンも」「パンだ」「パンが」「パン屋」「パンは」「パンさ」の「ン」のそれぞれの相違などを挙げ、日本語の「ン」の発音におよそ十種類ほどの違いがあることを述べている。博士が論文のなかで使用しているのは日常会話での「ン」の発音の仕方であるが、もし、こうした例に、謡曲などで謡われる場合の「ン」を挙げたらどれくらいになるのであろう。

例えば謡曲『橋弁慶《はしべんけい》』では詞章に「踏みならす」と書いてあるところを、「踏みん・ならす」と発声する。

しかし、この場合、「ん」の音は、日常会話で使うような「ん」ではなく、「踏み」の「み」から「ん」へ渡るときの音は、上下の歯の間を舌で後ろから閉じこめたようにして一旦息が鼻から抜けるのを止め、それから一気に鼻から息を抜くようにして「ん」の鼻音を出し、次の「ならす」の「な」の音へ緩やかに渡すような、独特の「ん」なのである。謡曲だけではなく、歌舞伎や文楽などを見ていても、「ん」には非常に多くの特別な発音があるのに気づく。

日本語は、それらをそれぞれ書き分けたりすることなく「ん」という文字で代表させているのである。服部博士の優れた耳、そしてそれを書き分ける力によって、「ん」の文字がカバーする音の幅の広いことが見事に証明された。

しかし、博士の言語学的研究をもってしても、まだ、「ん」の謎がすべて解明されたわけではない。それは、日本語を支える日本の文化、あるいは日本の文化を支える日本語のなかに位置する「ん」が、いかなる機能を果たしているかという問題である。最終章ではこの問題について考えてみたい。

第十章　「ん」が支える日本の文化

「穢れ」を嫌う

現代の日本語では、「ん」の音は自然に現れる。しかし、書き言葉に比べれば、「ん」の音は方言などの口語において多く使われるようである。

幸田露伴は「東北地方の言語には特に多く使用される」として「自動車」を東北弁で「ズンドーシャ」と発音していう例をあげているが、「どうでもいい」を九州弁で「どがんでんよかたい」（年配者のなかには「どんがんでんよかたい」という人もある）というのや、関西弁でも「ええんやない」など、口語では非常に多くの「ん」が使われている。

ところで、すでに『枕草子』に「いでんずる」などという言葉遣いは汚い表現であると書かれていることを引いたが、清少納言でなくとも、我々はこうした表現に対しては自然と嫌悪感を抱くものである。

本居宣長が、我が国の上古には「清音」しかなく「濁音」がなかったと主張したのは、我が国の文化がいかに純粋であったかという独特の史観に基づくものであったのであろうが、同様の「純粋さ」を求める価値観は、少なからず我が国の文化の根底に流れているのではないだろうか。

筆者は、『幕末の宮廷』(下橋敬長)の解説をされた大久保利謙博士から、天皇は、一度穿《は》いた「おふんどし」を二度とは身に着けることがなかったと聞いたことがある。それは天皇が「穢《けが》れ」を纏《まと》うことがすなわち日本という国全体に「穢れ」を蔓延させることになるからという理由であった。

また、『古事記』によれば、「神直毘神《かむなほびのかみ》」「大直毘神《おほなほびのかみ》」の二神は、「八十禍津日神《やそまがつひのかみ》」「大《おほ》禍津日神《まがつひのかみ》」の二神がもたらす災厄を、清めて吉事に転じる神であり、さらに「神直毘神」「大直毘神」とともに生まれた「伊豆能売《いづのめ》」という神の「イヅ」は「厳」で「神聖」

「清浄」を意味していると伝えられる。

和歌は「清」の文化

和歌は、極力、清音でつくられた洗練された言葉を使うことを規範として、いまだにその伝統を守っている。

それは濁音を示す記号が本格的に使われる江戸時代になっても、よほどのことがない限り仮名文字を書く際には濁点をつけないという規範を守っていたということとも無関係ではない。

「濁音」という表現自体、それは「濁ったもの」すなわち「穢れ」という、「清なるもの」に対立する思想が我が国には古くからあって、「濁音」を和歌の中に入れることは、同時に我が国の文化を穢すことになると考えられたからであろう。

しかし、純粋な「清」だけではこの世界は成り立たない。

「清」である日本語を表記するための〈ひらがな〉や〈カタカナ〉が作られるためには、「濁」をも内包した、中国から伝えられた漢字が必要であった。

また日本の文化が形成されるにあたっては、インドに淵源をもつ仏教があり、その仏教経典のなかには陀羅尼などのサンスクリット語もあったのである。

さらに、宣長が言うように、擬音語や擬態語には濁音が多いが、こうした言葉が新たな日本語を生み出したのである。

さて、このように考えてみれば、日本語は「純粋なる清」を目的とする和歌を中核として、その外郭に外国語や擬音語、擬態語を持つ構造によって成り立っているようにも思われる。そしてさらに、〈ひらがな〉や〈カタカナ〉という表記のことをもあわせ考えれば、日本語として認知された〈ひらがな〉で書かれる世界が核として存在し、それを取り囲むように日本語になるか否かが保留された状態の〈カタカナ〉で書かれる擬音語や擬態語、外来語があり、一番外側に決して日本語にはならない外国語が存在するという図式として考えることができそうである。

「ん」は薄明の世界

さて、「清」を光の世界であるとすれば、「濁」は影や闇の世界だとも言いかえることができるだろう。我々はものの存在をこの光と影によって認識している。影はものの深さをとらえ輪郭を描くのである。

「ん」は、清濁の区別からすれば、本居宣長が言うように伝統的には「濁」の方に考えられてきた。「ん」は、日本語のなかでは、語頭につく言葉がなく、前の音の鼻音化によって次に来る音との間で繋ぐ働きをするからである。

しかし、同時にこの清音と濁音の間にある「ん」は、薄明の世界をも意味している。これは、日本の文化が、「イエス」と「ノー」との区別をはっきりしない世界で培われて来たということとも深い関係があるのではないだろうか。

我々は人の言葉に相槌を打ちながら、あるいは考え事をしながら「んー」と声にならない音を出す。これは「イエス」でもない、「ノー」でもない「保留」を意味するものである。

「保留」には「清」や「濁」の区別はない。むしろ、それは「清」と「濁」を繋ぐ役割をしているように思われる。

「ん」は、平安時代前期に生まれて以来、こうした周縁への広がりとの関わりを受け止める言葉であった。

筆者は先に、拙著『日本語の奇跡〈アイウエオ〉と〈いろは〉の発明』（新潮新書）で、日本語の〈アイウエオ〉で示される〈カタカナ〉がシステムを形成し、そして〈いろは〉で示される〈ひらがな〉が情緒を維持する役目を果たして来たと想定したことがある。

明治時代以降、特に第二次世界大戦後の国語教育は、西洋文化を吸収することに急であったこともあり、システムの方を優先した。こうして次第に〈いろは〉に読み込まれた日本的情緒は忘れられた。はたしてこの新しい日本を創り出していくことを要求された明治、大正、昭和の時代に、「ん」の実態が国語学的、言語学的に明らかにされ、五十音図に「ん」が組み込まれたのは、システムと同時に「ん」という、「清」と「濁」を繋ぎながら、薄明のなかにある深さを忘れてはならないとする無意識の意識が働いたためではないかと考えるのである。

「鳶が鷹を生む」をどう読むか

ところで、たとえば「鳶が鷹を生む」という諺《ことわざ》を書いて、学生に振り仮名を振らせると「とび」「たか」「う」とそれぞれの漢字に仮名をつける。

次にこれを声に出して読ませてみると、ほとんどの学生は「とんびがたかをうむ」と読む。

おそらく井原西鶴が『好色一代男』で「ふんどし」を「ふどし」としか書かなかったこと、また鴨長明が『無名抄』で「ん」は「捨てて書く」と記しているのは、「とび」と書いても「とんび」と読むのが常識であるという、いわずもがなの日本語を支えるリズムが自然とあったからなのかもしれない。

「ん」は言語としての音であると同時に、リズムを整えるための役割を果たしている。

そして、これは冒頭で述べたようにフランス人が「んー」という日本人の返事をイヤだと思うことと無関係ではないのである。

「イエスなの？　ノーなの？　はっきりしてよ！」と切り込んで来るフランス人に、「んー」がどんなふうに嫌いなのかと訊くと「聞くと不安になる」と応えるのである。

その不安から筆者の妻などは「考えているなら、考えているって言えばいいじゃない」と言うのだが、じつは我々日本人の「んー」という返事は、すでに触れたように「イエス」と「ノー」を保留して、リズムを整える役目を果たしているのである。

俳句や短歌を作っているひとと話をすると、最近の若いひとはまったく日本語としてのリズムを失ってしまったと嘆かれる。「そのせいで、俳句も短歌も作れなくなった」、と。

いずれ「とんび・が」と振り仮名をつけておかなければ「とび・が」としか読まない学生たちも増えてくるに違いない。そうなれば、フランス人から嫌われる「んー」も失われてしまうことになるのかもしれない。しかし同時に我々は、書かれていなくても「ん」を呼吸で発音するという日本語のリズムを失ってしまうことにもなるのであろう。

「あ・うん」の思想

二人の呼吸がピッタリとあっていることを、「阿吽の呼吸」と言ったり「あのひとたちは阿吽の仲」と言ったりする。人と人との関係を表す言葉としては、これ以上の誉め言葉は日本語にはないだろう。

「阿」とはサンスクリット語では口を開いて最初に出す音であり、「吽」は口を閉じて最後に出す音とされる。これは、例えば、神社の入り口にある一対の狛犬《こまいぬ》、また寺院の山門にある金剛力士の一対の像は、必ず一方は「ア」の形に口を開き、もう一方は「ン」の形に口を閉じているというものでも見られる。

しかし、この「阿」と「吽」は、こうした言語の音としてではなく、じつは空海が伝える真言密教では、「阿」が宇宙の始原を、「吽」がその終焉《しゅうえん》を表すという思想を意味するのである。

第三章で『吽字義』という空海の著作について触れたが、「吽」は、宇宙の終焉であると同時に、輪廻して再び生まれ変わって「阿」という始原を作り出す「種子」になった状態をも意味する。つまり、「吽」とは、「次の生」へと橋渡しをするための大きな役目を担っているのである。

だからこそ、「阿吽の呼吸」は、「仲がいい」というだけではない。「いろんな形でキャッチボールを繰り返して愛を紡ぎ出す夫婦の掛け合い」や、あるいは「次々と何かを生産していくコンビ」などの間に使われたりするのである。

筆者は「ん」は「保留」であると述べたが、これとて、必ずしも否定的な「保留」ではなく、むしろ人間関係の円滑さを前提にした非常に肯定的なものなのである。

もしも、日本語に「ん」がなくなったとしたら、我々はおそらく日本語のリズムを失い、日本語が持つ「情緒」と「システム」を繋ぐ糸を断ち切り、日本のしっとりとして深い文化を、根底から崩壊させることになるのではあるまいか。

「ん」は、じつは言語としての問題以上に、より根源的な日本の精神や文化を支える大きな礎石だったのである。

あとがき

日本語には、なぜ「ん（ン）」で始まる言葉はないのか、と質問されたことがある。しかし、じつは、日本語に限らず、世界の言語に目を広げてみても、「ん」という発音で始まる言葉はさほど多くはないのである。思いつくままに挙げれば、たとえば、アフリカ、チャド共和国の首都名「N'Djamena」は日本語では「ン・ジャメナ」と表記される。また、チベット語には「ngaa（ンガア）」が「早い」、「nga（ンガ）」が「私」を意味するような言葉があり、中国語の方言のひとつである広東語でも「ngo（ンゴ）」（「私」）などの言葉がある。さらに、広東語では「呉」という漢字は「Ng（ン）」と発音される。だが、これらの言語にも、「ン」で始まる言葉は少なく、ヨーロッパの諸言語にいたっては「ン（n）」で始まる言葉はまったくない。世界中の言語でも絶対数から言えば、日本語同様、「ン」で始まる言葉の数は非常に少ないのである。

では、なぜ少ないかと言うと、「ン」は、喉《のど》の奥で止めて出される音で、人が出す音としては不自然だからである。チベット語にしても広東語にしても「n」を確定するための「g」という音が次について現れるのはそのためである。つまり、単独で「ン」だけが存在するような言葉は、やはり、基本的にはないと言えよう。

だが、日本人にとって「ん」は、こうした「音」以上に、もっと深い意味があった。空海は「ん」に「宇宙の終焉」という意味を付与して哲学的宗教的意義を深めた。また天台密教の僧侶たちの民衆への布教と言語の研究によって、「ん」は、語彙を増やし、世界観を広げる役割を果たすための機能を文字として与えられた。

前著『日本語の奇跡』(新潮新書)で、〈アイウエオ〉と〈いろは〉の「発明」に触れたが、本書の「ん」によって、日本語の仮名とその機能についてはひと通り書き終えたのではないかと思う。しかし、日本語には、まだまだ多くの謎とロマンが潜んでいる。

本書の執筆にあたり、出版部「新潮新書」編集部の丸山秀樹氏に大変お世話になった。氏の貴重な助言なしには、このように「ん」のみをテーマとした日本語史を辿り、大きな謎に迫ることは出来なかったであろう。ここに深く感謝を申し上げる次第である。

二〇一〇年一月吉日

山口謠司

〔参考文献一覧〕

西大寺本金光明最勝王経古点の国語学的研究　春日政治　一九六九年　勉誠社
言語学大辞典　亀井孝ほか編著　一九八八～一九九六年　平凡社
大正新脩大蔵経　悉曇部　大蔵経学術用語研究会編　一九八八年　大正新脩大蔵経刊行会
仏書解説大辞典　小野玄妙編　一九八八年　大東出版社
平安時代訓點本論考　築島裕　一九九六年　汲古書院
日本韻学史の研究（1～3）　馬淵和夫　一九六二～一九六五年　日本学術振興会
国語表現と音韻現象　遠藤邦基　一九八九年　新典社
露伴全集　一九四九～五三年　岩波書店
亀井孝論文集（1～6）　一九七一～一九九二年　吉川弘文館
服部四郎論文集（1～4）　一九八六～一九九三年　三省堂
弘法大師空海全集　同全集編輯委員会編　一九八三～一九八六年　筑摩書房
伝教大師全集　一九八八～一九八九年　世界聖典刊行協会
新校互註宋本広韻　余廼永　一九九三年　香港中文大学出版社
国語音韻史の研究　有坂秀世　一九五七年　三省堂
国語学辞典　国語学会国語学辞典編集委員会編　一九五五年　東京堂

音注韻鏡校本　藤堂明保・小林博　一九七一年　木耳社
学研漢和大字典　藤堂明保編　一九七八年　学習研究社
国語学研究事典　佐藤喜代治編　一九七七年　明治書院
国史大辞典　同辞典編集委員会編　一九七九〜一九九六年　吉川弘文館
小山田与清の探究　第一冊　安西勝著・刊　一九九〇年
本居宣長全集　一九二六年　吉川弘文館
国語学資料集成　一九七三年　雄松堂フィルム出版
幕末の宮廷　下橋敬長述・羽倉敬尚注・大久保利謙解説　一九七九年　平凡社東洋文庫

山口謠司　1963（昭和38）年長崎県生まれ。大東文化大学文学部教授。大東文化大学文学部卒業後、ケンブリッジ大学東洋学部共同研究員などを経て、現職。著書に『漢字ル世界』『日本語の奇跡』など。

Ⓢ新潮新書

349

ん

日本語《にほんご》最後《さいご》の謎《なぞ》に挑《いど》む

著　者　山口謠司《やまぐちようじ》

2010年２月20日　発行
2021年２月10日　８刷

発行者　佐　藤　隆　信

発行所　株式会社新潮社

〒162-8711　東京都新宿区矢来町71番地
編集部(03)3266-5430　読者係(03)3266-5111
http://www.shinchosha.co.jp

印刷所　株式会社光邦

製本所　加藤製本株式会社

ISBN978-4-10-610349-0　C0281

Ⓢ新潮新書

244
日本語の奇跡
〈アイウエオ〉と〈いろは〉の発明
山口謡司

〈ひらがな〉と〈カタカナ〉と漢字が織り成す素晴らしい世界――。空海、明覚、藤原定家、本居宣長……先人のさまざまな労苦を通し、かつてない視野から、日本語誕生の物語を描く。

410
日本語教室
井上ひさし

「一人一人の日本語を磨くことでしか、これからの未来は開かれない」――日本語を生きる全ての人たちへ、〝やさしく、ふかく、おもしろく〟語りかける。伝説の名講義を完全再現！

663
言ってはいけない
残酷すぎる真実
橘　玲

社会の美言は絵空事だ。往々にして、努力は遺伝に勝てず、見た目の「美貌格差」で人生が左右され、子育ての苦労もムダに終る。最新知見から明かされる「不愉快な現実」を直視せよ！

820
ケーキの切れない非行少年たち
宮口幸治

認知力が弱く、「ケーキを等分に切る」ことすら出来ない――。人口の十数％いるとされる「境界知能」の人々に焦点を当て、彼らを学校・社会生活に導く超実践的なメソッドを公開する。

882
スマホ脳
アンデシュ・ハンセン
久山葉子訳

ジョブズはなぜ、わが子にｉＰａｄを与えなかったのか？　うつ、睡眠障害、学力低下、依存……最新の研究結果があぶり出す、恐るべき真実。世界的ベストセラーがついに日本上陸！